達賴喇嘛尊者開示

佛子行三十七頌

達賴喇嘛 His Holiness the Dalai Lama——著

蔣揚仁欽——譯

Commentary o[n]
the Thirty Seven Bodhisattava Practice[s]

目錄

出版說明

這本教授的根本頌正是聞名天下的《佛子行三十七頌》。其頌所詮釋的主要內容，是佛子菩薩們的修持行為。

公元一二九五年，第五繞迴❶的木羊年，此頌的作者——佛子無著賢——在眾多吉祥的徵兆下，出生於扎賈❷。扎賈位於薩迦寺的西南方，離薩迦寺約有三個半「諭繕那」❸遠的地方。其父名為「寶吉祥」❹，其母名「十萬炬」❺。大師的幼名為「寶賢」❻。

因雙親去世，大師自五歲起，由年老的外婆培育。十四歲時出家受沙彌戒，當時的戒師為桑林巴的後裔上師吉祥光❼，傳戒阿闍梨為吉祥光的弟弟堪布寶賢吉祥❽。大師的僧名乃「吉祥賢」❾。受戒當天出現諸多希有祥相，如遍滿未有過的香氣、傳出悅耳的音樂、降下天花甘露等等。

十五歲時，大師前往艾❿寺辯論，學習《阿毘達磨集論》等教典。當時文殊隆日勝幢大師⓫在供茶大會中，對年輕僧人吉祥賢等人，從阿毘達磨教典中提出問題，但吉祥賢大師答覆無礙，令師歡悅。師讚道：「此人乃真無著、第二無著也，應受上供。」此後，「博東無著」[12]的美名遍滿十方。大師因精通《慈氏五論》、《瑜伽師地論》、《二攝論》與《八品論》等詞內二義，實似無著聖者。與此同時，對於《入行論》、《學集論》、《經集論》與《中觀理聚六論》等論，習已邃曉。又為了進修量學，赴往薩迦，於上師童勝[13]大學者座前，

❶ 每六十年為一「繞迥」，係以西元一〇二七年為起算點。其曆算法之創始者為月光大譯師（ཟླ་བའི་འོད་ཟེར།）。
❷ 藏文為རབ་བྱུང།。
❸ 一諭繕那的長度約為四千弓，正如《阿毘達磨俱舍論》（T.29.1558.62b.2）所言：「豎積五百弓為一俱盧舍……八俱盧舍為一踰繕那。」
❹ 藏文為དཀོན་མཆོག་དཔལ།。
❺ 藏文為འབྲུམ་སྟོན།。
❻ 藏文為དཀོན་མཆོག་བཟང་པོ།。
❼ 藏文為བསམ་སྡིང་པའི་ཀུང་སྤྲོད་བླ་མ་དཔལ་འབར་བ།。
❽ 藏文為རིན་ཆེན་དཔལ་བཟང་པོ།。
❾ 藏文為བཟང་པོ་དཔལ།。
❿ 藏文為སེ།，有時又稱སེ་གཙུག་ལག་ཁང།。
⓫ 藏文為འཇམ་དབྱངས་རོང་པ་ཉི་མ་རྒྱལ་མཚན།。
⓬ 無著賢大師的別名。博東（བོ་དོང།）乃艾寺所在的地名，艾寺又稱「博東艾寺」。顧名思義，「無著」謂無有礙著；無著賢大師的「無著」二字來自此典故。

聞讀《七量論》及《集量論》，並通達其義。

二十三歲時，赴後藏區的各辯經寺，進行巡迴辯論，大眾異口同聲地說道，沒有比博東無著更為善良、更加聰明的辯者了。

三十歲時，在戒師菩薩寶[14]怙主、羯磨阿闍梨虛空覺[15]上師、屏教阿闍梨諸喜勝幢[16]上師等，於諸軌範師之中，圓滿具足戒。

三十二歲時，在文殊成就勝幢[17]等人的殷重祈請之下，於艾大辯經寺旁，另設大講堂，引導無數子弟。

三十八歲時，在文殊成就勝幢等人的祈請下，撰寫《莊嚴經論疏》，次作《寶性論疏》。又因成就勝利[18]阿闍梨而著書《入行論釋》。彼時，眾學者們匯聚邦[19]大譯師座前，論及誰能通曉《入行論》，有些人說道：「敦巴[20]通曉。」邦譯師說：「雪域人中通達《入行論》者，無人能勝軌倉巴學者[21]及上師無著兩位！《入行論》的所有內容早已入住他二人的心中。」

在博東（無著賢）大師講授、學習的同時，有些講師及同學們反覆請示問道：「為能養護眾多僧眾，需要供物，應如何行？」佛子大士心想：「縱以諂曲奉承等邪命取財，雖能養護僧眾，但不能相順佛陀的本意，也非古往先賢聖者們的作為。過去賢聖者們又如何行呢？放棄此生貪行，並不離佛陀教誡，以守護三戒的基礎之上，修持菩提道之次第。這才是我應該所做的行為啊！」因而回覆道：「應行佛子行。」為令眾人能入佛子行，於是手寫了這部舉世聞名、超群絕倫的《佛子行三十七頌》。但著作完成後，卻在前往屋頂修改此書的同時，遭大風吹走手稿，只找到底稿一張。因大士心識通透睿智，於是再次撰寫。大師曾說：「說不定此係廣傳頌文於十方的緣起。」

因大師之心地極為善良，大師之講法不僅令不分教派的修行者們讚譽不

⑬ 藏文為གཞོན་རྒྱལ་བ。
⑭ 藏文為བྱང་སེམས་རིན་ཆེན་མགོན。
⑮ 藏文為ནམ་མཁའ་སངས་རྒྱས。
⑯ 藏文為ཀུན་དགའ་རྒྱལ་མཚན。
⑰ 藏文為འཇམ་དབྱངས་དོན་ཡོད་རྒྱལ་མཚན。
⑱ 藏文為ཁྲག་རྒྱལ་བ。
⑲ 藏文為དཔང་ལོ་ཙཱ་བ，全名為དཔང་སྟོན་བློ་གྲོས་བརྟན་པ邦敦堅慧（1276-1342）。
⑳ 謂邦敦譯師本人。
㉑ 藏文為རྡོ་ཆུང་པ，全名為རྡོ་ཆུང་པ་མགོན་པོ་རྡོ་རྗེ軌倉巴怙主金剛（1182.9-1258）。

斷、深信不疑外，大眾更將此佛子行頌文流傳十方。即使有些人不能修行此頌，但無人不對此頌文恭敬合掌、發願禮拜。當時大師罹患重病，弟子眾問：「大師有何遺言？」大師回道：「我的遺言就是這本《佛子行三十七頌》。」

三十九歲時，在文殊成就勝幢的誠懇祈禱下，創建博東艾達日[22]，並同母親及眷屬一併請求大師作為艾寺經師。因大師想入山閉關，大師道：「我會找一位經師，並將他帶過來。」之後便前往薩迦寺，邀請大譯師邦敦堅慧作為經師。邦譯師歡喜接受邀請，並且說道：「曾聞無著上師之名。我的上師雅得瓦獅勝幢[23]也未曾到過之處，我明天就去！」之後大師將自己的《瑜伽師地論》等所有論典供養給邦大譯師，自己前往銀水縣閉關。

二十多年的入山閉關修行，大師即使不是自己親眼所見，只是聽聞他人描述某人痛苦的景象，都會忍不住潸然淚下地說道：「可憐吾母！」後止語離去。說法時，大師因思惟眾生之苦而現哽咽之狀的同時，底下聽眾也都一片嗚咽噎、抽抽泣泣。正如邦敦堅慧大譯師所讚述般，「薩迦班智達曾云：『應先精通諸所知，中於聚智善巧說，後應勤修所問義，此係三世諸佛語。』此人實屬無著上師矣！雖有我等眾多修法者，但有誰已獲堅定修持？我不知道別人，但我知獲堅定修持者乃無著上師矣！誰都可以成為男人，但老人我快死前若有無著上師在旁，該有多高興！」

布敦仁波切也讚道：「善巧三藏之法義，深奧續部諸精通，佛子熟二菩提心。」布敦大師前往霞魯時，對霞魯僧侶們說：「現今西藏雪域者中，不僅知法，更懂如何行法者唯有無著佛子也。」

大師美譽遍滿大地，就連印度、中國、蒙古、尼泊爾、雅子及阿里等國王，皆以真摯敬信之心，書信問候並請示教義於此釋迦能仁之子、佛教法王——無著大士。

大師的後半生，每年嚴謹閉關九個月，並利用其餘三個月傳教利生、廣渡遍虛空有情。大師的善知識有四十餘人，以及兩位無人能及的主要教師。大師

㉒ 藏文為ཞ་དོང་མི་ཀྱ་ར།。

㉓ 藏文為གཡག་ཕྱི་པ་སེང་གི་རྒྱལ་མཚན།。

的弟子有：大住持菩提頂[24]、尊者日光童子[25]等等眾多成就學者。大師的出版著作有一卷，手稿有諸多卷。廣大利益無邊有情之後，在藏曆年第六繞迴地鼠年——公元一三六九年——的十月二十日當天，於太陽夕下的同時，被度母迎請至綠石淨土，在諸多祥兆下示現圓寂。

無論在這世界的東邊還是西邊、個人還是團體、種族還是國家，在愛我執的影響下，哪怕外在物質發展得再好，試問，此世界有哪一個角落能夠令我等逃離煩惱畏懼、困苦災難呢？這本書告訴我們，遠離苦難、幸福安樂的真實途徑，就是將「自我為中心」的想法與「忽視他人的心態」相互轉移，依理定論這種「自他相換」的菩提心修持。

大師又以個人的經歷，談到不只為了人類，更為安樂一切希求離苦得樂的天下蒼生，應不計區域、種族、膚色、思想、貧富或強弱等區別，而應以「仇、親、中庸三者相互觀待」等理由，哪怕是為了自利，更應愛惜他人。尤其這篇頌文搭配著三士道的順序，說明如何對仇敵觀慈悲、修忍辱的方法，也符合現今社會的一套教授。因為修學慈悲的完整教授，無論您是哪一個種族，是出家或是在家，凡欲聞思修學大乘或研究大乘，這篇頌文確實是一本最佳善說。

今天的世界隨著多種工業技術的發展，人類所需要的生活條件已獲得了完美的改善。然而由於私心與不滿足等種種意樂或行為，破壞了眾人內心的安寧。敬愛所有生命的第十四世達賴喇嘛尊者，依個人不同的根器與想法，以及自己每日身語意修行的歷練，闡述了一切生命都具有離苦得樂的共同想法，又敘述愛我執過患、愛他心功德等佛法內容，使上百千萬，不論是何種種族或宗教的人們，均獲得未曾有過的歡樂。只要有說法的訊息，無不欣喜地參加。

為了能編輯尊者的多種教授，就如同尊者曾指示：「編輯講經內容的時候，可依據許多有關經註的不同觀點，將之含攝於書內，而不是只把每次講法的話語記錄下來而已。以這部論典而言，我已經解釋過許多次了。」

尊者在世界各處，已傳授了無著賢佛子著作的《佛子行三十七頌》超過百

㉔ 藏文為ཡབ་ཆེན་ཁྱུང་ཕུག་རྗེ་ས། 。

㉕ 藏文為ཚུལ་རྗེ་ཉི་མ་གཞོན་ནུ། 。

次。在此雖然未加仔細研習上述的一切教授而作編輯，但為利益廣大有心求學的具信信眾，我們謹依據菩提迦耶聖地的三次傳法內容（西元一九七三年、一九七四年與一九八五年）而作編輯。最後經過多次的修正，並在達賴喇嘛尊者親自審閱與指導下完成。

由於我們編輯的經驗與見識不足，想必仍有編輯上的疏失，深感慚愧。在此祈請諒解與包涵，也希望讀者們能直率地給予我們更多的批評或鼓勵，以俾益今後的編輯。

達賴喇嘛尊者法集編輯室

於西元二〇〇五年四月十五日或藏曆年二一三六年八月二十七日（初版出版說明）

次於西元二〇〇九年十月十五日（次版出版說明）

譯者序

在哈佛讀博之前，我不曾對原文版本作過對比，所以當時手上有什麼「譯源」就翻什麼「譯文」。但在哈佛讀博期間，蒙受教授恩授得知，其實這種「無明」的作法對一位專業譯者而言，無疑是個極大的弊端。古時沒有影印機，很難避免手寫的誤抄，所以未經原文版本對照的筆譯成品，無論譯者的功力如何精湛熟練，仍會出現解讀錯誤或解讀不通等各種偏離原文的缺陷。雖然透過不同版本的原文對照，也仍無法百分之百地確定原始的本意為何，但至少可以將譯源的錯誤減少到最低。

這篇《佛子行三十七頌》是水銀．無著賢菩薩（一二九五～一三六九）所寫的一篇頌文，舉世聞名。此頌常被四派掌教法座傳授講解至今，絕對有資格堪稱是藏傳大乘修持者們必讀或必修的主要典籍之一。這篇西藏頌文皆以九言絕句的方式呈現，前兩段偈頌文個別依序為「禮讚文」及「著前承諾」（發願造論文），中間的三十七誦皆談佛子之善行，最終四段偈頌文為迴向結語，共有四十三段偈頌文。

為譯此書，我對照了四個不同的藏文版本：

一、此書的西藏原文，由「達賴喇嘛尊者法集編輯室」分別於二〇〇五年及二〇〇九年，達蘭薩拉出版。

二、由德格版的《無著賢菩薩文集》中所擷取的誦文。

三、由「阿局吨噶卻林寺」（Ngagyur Dongak Choling）整理，並於二〇〇四年加德滿都出版。

四、人民出版社於二〇〇四年，北京出版。

其中，最與眾不同的是加德滿都的版本。其他三個版本都共寫：「聞思修是佛子行」（初頌）、「終不造罪佛子行」（八頌）、「不望報是佛子行」（二十五頌），皆以「佛子行」三字結尾。但唯有加德滿都的版本以三種不同的結尾方式——「內續生」、「轉道用」及「至究竟」——以便區隔此頌文內義。其內容分成三大類別，像是「聞思修於內續生」（初頌）、「終不造罪轉道用」（八頌）、「不望報臻至究竟」（二十五頌）。

目前網路上普遍可見的漢譯有幾個不同的版本，如最早嚴定法師的譯本、後又有經堪布竹清嘉措仁波切的註疏，略微修改的嚴定法師新版譯本、堪布索達吉的譯文、堪布丹傑的譯文、張福成的譯文等，但皆各有長短。譬如：比起嚴定的舊譯「心靜於法起定見」，嚴定的新譯「心澄於法起定見」更貼近藏文；比起嚴定的新譯「自他須渡生死海」，堪布索達吉的譯文「為自他渡輪迴海」更貼近藏文；比起堪布索達吉的譯文「親方貪心如沸水」，堪布丹傑的譯文「貪愛親眷如水蕩」更貼近藏文；比起堪布丹傑的譯文「故於晝夜恆不懈」，張福成的譯文「晝夜恆時不懶散」更貼近藏文；比起張福成的譯文「心澄於法起正見」，嚴定的新譯「心澄於法起定見」更貼近藏文……所以各有利弊。

據目前現有的資料，此頌的最早譯文來自民國的嚴定法師，而嚴定法師的新譯又比舊譯稍微精準些，所以本書漢譯的《佛子行三十七頌》文本就以嚴定法師的新譯版為主。

末學如此選擇的原因有二：一、因恐不同的譯文版本過多，使讀者困擾，不知如何選擇，所以在此自己不作另譯；二、懂得如何尊重他人的翻譯，無疑是種譯者的美德。如果某人的譯文與原文有所落差時，可依腳註的方式提出自己的想法，供讀者參考，自行決定。如此才可避免不同譯本鋪天蓋地的時弊。

達賴喇嘛尊者法集編輯室早於二〇〇五年出版此書，次於二〇〇九年稍作修改編輯，再次出版。後版的前序內容並非修正，而是添增作者的自傳，所以在這本書法集編輯室的「出版說明」中，本人組合了兩個不同版本的前序而作翻譯。再因本書的內容沒有添增，只有稍作修改，因此本文的部分皆以後版為標準；又因後版沒有腳註，前版的腳註卻有取長補短之妙，所以決定保留前版的註釋。除了前版的腳註外，末學個人的補充皆以「譯者註」的方式呈現。

於二〇〇八年，由達賴喇嘛西藏宗教基金會出版的《達賴喇嘛文集．六》中，雖然可以見到由達賴喇嘛尊者講授、見悲青增格西中譯的《佛子行三十七頌》，但《達賴喇嘛文集．六》的教授與本書有著明顯的不同。如同達賴喇嘛尊者法集編輯室在「出版說明」中所說，本書是「依據菩提迦耶聖地的三次傳法內容（西元一九七三年、一九七四年與一九八五年）而作編輯」，而《達賴喇嘛文集．六》是依據達賴喇嘛尊者於二〇〇一年第二次來台講法的內容，重作編輯。

應早期服侍於達賴喇嘛尊者私人辦事處，兼達賴喇嘛尊者法集編輯室的負責人——格西拉朵，也是現任西藏圖書館館長——的要求，我早於二〇〇五年末前譯完此書，並將此翻譯及相關權限完全供養於賴喇嘛尊者法集編輯室。由於格西拉朵過於忙碌，加上沒有機緣接觸華人出版社，所以一直沒有出版此書，直到商周出版主動向我聯繫，才開始了這段出書的因緣。除了自撰書籍外，如《覺燈日光》等尊者書籍的翻譯收入，末學都會捐贈供養、累積功德。

最後，願此小小功德迴向：達賴喇嘛尊者常轉法輪、長久住世；也願此書所有的讀者，早日洞悉如何提升心靈的方法、早日體會心靈提升的美妙，以及早日沉浸心靈提升後的喜悅，永不迷失人生的方向。

譯者　蔣揚仁欽（黃春元）

於南印度扎西倫布二〇一五年十二月二十六日

前序

在此常住的僧眾們，以及來自印度各區、尼泊爾或是有些剛從西藏抵達此地的信眾們，各位都是抱著一份虔誠的心，克服旅程等障礙，不懼辛勞地從各地匯聚於此處，我們都是追隨具足善巧及大悲恩惠的導師，在沒有地域及風俗的區別下，以導師弟子的面貌同聚於此地。

若之前有人對於法義的領悟較淺，或未通達，或無體驗，或雖有信心，但對法的認識不夠，那麼現在聽法的時候，由於講者本無足夠解釋的時間，而在這僅有的少許寶貴光陰內，聽者又隨著散亂心轉的話，那實在是浪費了旅途的費用，及途中承受的種種身軀困苦！須知我們來到此地的目的就是為了接受法露，增長心法的串習，調伏內心而來。

然而留植正法種子的主要因緣，來自於個人的起心動念，在沒有任何感受時，是難以培養正法的串習的。雖然這種機緣[26]偶爾會有，可是對長期進展無益且不能堅固，因此我想在這幾天內解釋一般教法的架構，對各位應該會有幫助。以下我將介紹佛法整體的輪廓，尤其是詳細解釋大乘教法的內涵。如此講聞正法的時間不致太長，大家都不會太累，效果會更好。所以現在要傳授的法脈是無著賢佛子所撰的菩薩行心要——《佛子行三十七頌》。

為了攝受常執眾生，具足善巧及大悲恩惠的導師示現涅槃的法相。兩千五百年後，佛涅槃後的今天[27]，也就是我們現在出生的五濁[28]惡世。在這惡劣衰敗的年代裡，他劣己勝的念頭和不曾間斷的損害行為帶來了許多戰爭、傷害、互相計較、互不相讓及天災人禍等等，可是，藉由過去累積的福報，今天的我們居然仍能聞思「斷一切過患，證一切功德」導師的教法。這說明了，我們雖然實際處於惡劣的時段，但也是一個讓自身對教法產生信心、對恩惠導師的教誨生起希求的最佳機會。

今天我們能夠集聚在菩提迦耶這塊聖地，應藉由如此的殊勝因緣，來學習恩師的教法，聞授佛法的總義、大乘的教理，如實修行，成為一位真正名符其實的佛弟子。總之，在值遇佛法之時，最重要的是努力了解法義、如實修行！僅有對教法的信心，或是發願是絕對不夠的！應該不離法義地以自己身、語、意三門行為去修持佛法，而並非只是念頌著「皈依三寶」。因此，應盡力去發揮個人的能力，以教理與行持融合的精神努力勤學佛法。若能將已學的內容用來調伏自心，不只現在的心能夠感到安樂、平靜，自我的家庭也能因此獲得和諧，更能促成後世安樂的緣起。

這種殊勝機緣是我們過去累積福德的果實，今後還得更積極地聽聞、累積無量資糧、留植更好的習氣。因此我們要生起善良的意樂、與法相應的意樂，如此，才能在聽聞一句法或頌時，累積更廣大的資糧；若無此善良的意樂，縱然聽聞上上深法，也不得利益。

以講師而言，格西朗日塘巴在《修心八頌》時曾說：「任與誰等會聚時，思己較諸他人卑。」如論所云，雖然師座在上，朝下說法，但仍要保持比其他人更謙卑的心態，並遠離嫉妒、比較之心，以此心為眾人說法。總而言之，今

㉖ 譯者註：此機會如同經論所道的「於殊勝資糧田前，無心地繞塔或念佛，也可獲得解脫的善業」。
㉗ 上座部之說法。這講經的時間是在西元一九七〇至一九九〇年間。
㉘ 五種惡濁：命、煩惱、眾生、劫、見，共五種惡濁。

天我以人身盡力地做些有益他人之事，才符合人生的意義；否則利用此身只做出直接傷害別人的行為，成為一種損壞因緣的話，人生是沒有意義的。

人生的意義——僅屬利益他人。因此，說法者自己應遠離嫉妒、比較、傲慢之心，從心深處視己為一切眾生的奴僕，盡力教導。不是以「我有能力」、「我很能幹」、「我有智慧」等想法而說，而是以一位恩師法語傳達者的身分說法，並想：「我雖無能，卻模仿恩惠導師之教授，所以你們聽者更應慎重諦聽！」若師徒雙方能對導師的教法生起敬信、感恩的話，雖然講聞教法的時間僅有一、兩時辰，但卻能累積無比的福報[29]。

導師釋迦牟尼佛本身也是經歷了無量劫，逐漸集聚資糧後，而淨一切障、證一切功德的。現在雖然我們的三毒煩惱很熾盛，但若能了解煩惱的過失，體會功德的重要，遠離懈怠沮喪，精進地常觀自心的話，心性在這種有為法[30]的本性下，一定能比前月、前年、前半生來得更加柔順。如同人會老化般，心也是會改善的。但是如果不去刻意改善其心，只是隨著自然而改變的話，那就如同已老化的身軀般，無法完美心性。

例如有些人因為缺乏能力，不知道修行的方法，所以人老時貪、瞋、癡比其他人還來得嚴重，這就是沒有修行的結果。可是，由於有調伏內心，修行者的前半生與後半生就大大不同了。就像有人在前半生雖是很頑固粗暴的壞人，但在後半生卻成為了個性柔順的好人。這證明了「心是可以改變的」，心可以變得更好！

從導師釋迦尊者至所有一切成就者中，有哪一位是從無始來就已離一切過、證一切功德的呢？起初，每個人都像我們一樣有種種過失，然後進而調伏內心，最後成為圓滿無過的人。就例如一般學校教育也需要從一年級、二年級、三年級……次第地完成十或十五年的教育，才有能力讀得懂厚書本中的大道理，以及思考書裡的內涵；又如蓋房子，需要一塊塊地把磚瓦砌堆而成。同樣的，我們按照次第去調伏內心的話，隨著長久地培訓，一定會變得更好！所

㉙ 佛在《集句經》說：「聞故知諸法，聞故滅惡障，聞故斷無義，聞故證涅盤。」

㉚ 與無常法同義。隨著眾多因緣具足所形成，所以會「有」變化的作「為」或作用之「法」，故稱有為法。

以，在場的聽眾們要以調伏內心的目的而聽聞。我們如果能在講聞佛法時抓到重點的話，絕對有能力使內心獲得調伏，不但能令短暫的今世安樂，也能在來生獲得利益。

「法」是指調伏內心的方法，並非換個地方、換件衣服而已。從場所、穿著、嘴巴或手中是找不到「法」的，真正的「法」是建立在心上。因此，內心未調伏者無「法」，內心調伏後才有真「法」。一位什麼都不知道的在家男女眾，因內心獲得調伏，就可稱為真正的修行者；但內心若未調伏，既使是上師、格西或是達賴喇嘛，也沒有資格列入修行人的名單。是「法」或「非法」是由心有沒有調伏而作決定，並非以名稱、榮譽、所得或地位所能代替。因此我們無論任何人都得努力調伏內心啊！

為什麼呢？因為任何人都想要快樂，而我們想要得到的快樂必須靠調伏內心才能擁有。今天在場的成千上萬人中，有哪一位不想要快樂嗎？有哪一位想要得到痛苦呢？沒有人想要痛苦的。有誰會想要感受坐火車旅行的時候，眼睛吹進髒東西的感覺？同樣的，也沒有人想要感受到頭痛的感覺。動物尚且都不想要感受痛苦，只想要得到快樂，更何況我們人類呢？

想要的快樂及不想要的痛苦，可分作許多種層面。以豬狗等動物為例，牠們只要得到食物以及不被人所傷害，就能夠感到滿足，那是因為牠們的思考能力低弱的緣故。人群中，思考能力較弱的一些人，或許只要填飽肚子、感到舒適就可以滿足了。但聰明的人會思慮得較深遠，不只為了滿足今年的衣食，還會為了明年而安排計畫；不只如此，更會去規畫未來十年或二十年的事，就像為了讓後半生安樂而寧可前半生吃苦耐勞一般。同樣的，國與國之間也應互相做好百年的規畫，才能使後代子孫無憂無難，彼此和平相處。總之，我們既然不只生而為人，而且還擁有著思考的能力，就不能只為了今生的安樂，更要為了後世的離苦得樂而著想啊！

我們有身體，所以需要吃的、穿的和居住的房子，這些都是每日生活需要的基本條件。但是僅有吃、穿、住等等榮華富貴的享受，仍無法滿足一切的快樂。因為縱使有再多的房子、再好的條件或再多金錢的富翁，仍可能由於內心痛苦，常在長吁短歎、怨天尤人的情況下煎熬地入睡，有時夜間因忘了蓋被而被冷醒，又再度無奈嘆氣、輾轉難眠。這些人有時候為了發洩內心的不滿，很自然地會與同伴爭吵、打架；當沒有同伴時，則自怨自艾。在國外或印度本地，常看見有些富有之人由於內心苦悶，竟必須使用鎮定劑等各式藥丸，或是為了拋棄煩惱去旅行度假，甚至為了壓抑煩躁，選擇以藥物來麻醉自己。

相反的，若心安樂適怡，即使吃喝的條件並不好，卻仍可以感到快樂滿足啊！所以，我們時常掛在嘴巴上的「快樂」兩字，並非只能依靠外在物質來滿足。當然，為了避免冷、熱、飢、渴，身體生存的基本條件是絕對需要的。但假使只滿足這些外在條件，人絕對無法感受到真正的快樂。也因為如此，心的安樂是必須的，是必要的追求！

當內心不快樂時，身體接觸的環境再怎樣舒適，人也不會感覺到快樂；反之，當內心安樂時，即使身體雖有不適，也不會有所大礙，仍然會感受到快樂的滋味。因為我們都有身、心兩者，所以在我們的人生裡，不應只是為了身體安樂而奮鬥，更應積極地以心去追求安樂、斷除痛苦才是，因為心能調伏則樂，未能調伏則苦。

貪、瞋、慢、嫉等情緒越強烈時，內心越痛苦。例如，在心情快樂的時候，突然間生氣的話，原有的安詳感會瞬間消失，馬上轉變成苦惱的情緒。沒有人會說：「今天我很生氣，所以我很高興。」當人處在氣惱的情緒下，是不會有安樂感的。這沒有貴賤富貧等的區別。也唯有在沒有氣怒的情況下，人才能生起慈悲心，令自己變得安詳平靜。這種心境的變化，毋須經過經典的閱讀，可由自己的經驗去體會。想求得安樂以及要除去痛苦，主要都是從心去建立，因此，貪、瞋等情緒強烈時則苦，微弱時則安。

安樂的根本是由內心有無貪嗔等煩惱而定。就像一位嫉妒者，會因為鄰居遭遇到好事而馬上眼紅難過，甚至無法感到快樂。同樣的，一位驕慢者總會想要踩在其他人的頭上，但因無法做到而感到痛苦。所以，當我們與好友相處，或即使處境卑微，仍應保持謙虛、平息慢瞋，才能使內心平靜，這時縱然被他人欺侮，也不會因外力傷害而受到極大影響。再者，隨著自心擁有了隨緣滿足的想法，內心平靜，也看得清楚事情，旁人若表現出惡劣討厭的態度時，也能平靜地認為是對方自討沒趣，不會因此影響內心而自尋苦惱了。

拿我們鄰族漢人的共產惡行為例，難道經過了長時間互相瞋恨、互相搏鬥之後，他們更加地快樂了嗎？藉由前世紀的經歷來回顧，那些貪圖自利、心狠手辣的中共官員們，不僅僅在活著的時候未曾有過內在的真正安樂，死後也仍舊被世界各地的正義人士所批評著呢。

外表看來似有修行的比丘、沙彌，或是已完成大論典學業的住持、格西，精通五明的博士、有錢的富翁、貧窮的乞丐等等，這世上的任何人，只要「樂取」[31]貪瞋就絕對不會得到安樂。即使是佛學淵博的格西，因為樂取了貪瞋，所以很容易隨著他人說詞的好壞或讚毀，馬上生起強烈的瞋火。試問今天在上座的達賴喇嘛乃至我們在場的每一位，哪一個人不曾生過氣？請問：非常憤怒的那一天，你覺得高興嗎？

「法」不是話說一堆，而是反思自己一天作息當中，有著什麼樣的想法？再從自己的想法、經驗去仔細觀察才能夠理解的。以師徒為例，當師父高興的時候，弟子背誦經典雖不及格，但有可能過關。又以家庭為例，夫妻兩者間有一人生氣時，周遭的人就得在煩悶的低氣壓下呼吸。這時若有小孩在旁，那小孩很可能會無辜地被摑一巴掌；但夫妻心情好時，小孩也有可能幸運地得到禮物。以國家為例，在兩鄰國深仇大恨的對峙下，兩國居民都得生活在恐慌下；反之，隨著貪瞋煩惱減少，人們彼此和睦相處，就能形成安和的居住環境。所以寧靜的心情可以創造有益雙方的環境。

貪瞋的煩惱越強大，不要的苦惱也越多；貪瞋力量越弱小，想要的安樂則越持久。所以，為了得到真正的安樂，我們應拿掉一切的貪瞋。我個人的經驗，也是以一位追隨恩惠導師的比丘——丹增嘉措——的立場來說，努力地去觀看煩惱的過失，盡力地以悲智雙運來修行，才是對我最大的幫助！

內心越寧靜，思考越清楚，睡也比較能睡得熟，飯也更好吃，這不是很好麼？相反的，當貪瞋強烈時，無論是念經、看書，或為了吃住而計畫等等，做一切事情都沒有辦法專注。得樂離苦的根本是由內心有無調伏來作判別，一定要設法摧毀使內心無法調伏的貪瞋，這是非常重要的。「內心的調伏」是指砍

㉛ 譯者註：如果貪嗔自然生起則罷，若自我放縱或喜愛地去加強這種貪嗔情緒，稱為「樂取」貪嗔。

斷生起貪瞋的一切機會，或雖然已經生起了貪瞋，但絕不造作貪瞋帶來的身語惡行，這樣才能依照次第來增強善法等對治力，甚至不只能斷除煩惱所帶來的身語惡行，還能斷除煩惱等習氣種子。

所以，我們初學者應努力地在修行時，小心避開生起貪瞋的機會，或是縱使煩惱已生，但絕不做出由煩惱所帶來的惡行。如是依法調伏內心，就可得到滅、寂、妙等功德。為得此德，於心過失修習對治，於心功德精進增長，使心性更為美好，這才叫作「修法」。

具恩導師在證得佛果後，在菩提迦耶安住四十九天，卻沒有說法[32]。後因具器弟子眾請轉法輪，於是說了初轉法論——「四諦法輪」。宣說所斷汙染諦的因果二法，以及所取清淨諦的因果二法[33]。「四聖諦」[34]是非常重要的佛法綱要。

具恩導師以苦諦、集諦、滅諦、道諦來介紹佛法內容。這裡說的苦諦是指有關我們食、衣、譽，以及生、老、病、死等等的痛苦。苦源是因為心未調伏，形成了造苦的「業集諦」，以及造業的「煩惱集諦」[35]，如貪瞋等。業與煩惱無法同時滅盡，應先抑止粗猛煩惱，進而次第斷除，最後於法性中斷一切心患，獲得永恆平息、寂靜，這就是滅諦。

從得到「見道」所斷㊱之滅諦後，餘眾所斷等將經由對治，以次第消滅。於法性中次第獲證滅除汙垢的滅分㊲，為了明證此德，而稱道諦。這種道諦是了解一切法性的現證無念智慧㊳。為能獲此，首先我們應當思惟業果，行善斷惡，漸

㉜ 經說：「深寂明光無有為，我得甘露離戲論，雖示何者能悟達，無語林中我安住。」

㉝ 汙染諦的因果二法：痛苦之因、果之痛苦；清淨諦的因果二法：快樂之因、果之安樂，共有四諦。

㉞ 《涅槃經・第一部》：「我昔同汝等，不見四諦義，此故流輪迴，復墮大苦海，何者證四諦，則能斷流轉，生有皆消滅，諸有不得取。」

㉟ 集諦有二：業與煩惱。如《涅槃經・第二部》：「無明漏謂不知我或我所、不知內或外別，故稱無明漏。何故？諸情因無明因緣造蘊界處界想，故稱有情。彼乃邪想、邪見，以此因緣造諸漏法故，我於十二經部中說無明乃貪、嗔、癡因也。」

㊱ 五道：資糧、加行、見、修、無學（也稱無修道）共五。煩惱可分遍計俱生兩者，前者乃因邪見而生，後者屬自然升起。見道前煩惱唯被抑止，無能摧毀煩惱種子；見道後能斷除一切遍計煩惱及種子，故稱聖道。見道所斷，謂見道時可斷除的一切障礙。

㊲ 滅分：如滅諦，屬於永遠離開某種障礙的一種功德。

㊳ 現證無念智慧：現證乃如眼看色清晰，不似如心看色模糊，然初次開悟了解空性的時候，因為對空性的串習不足，所以見空性時如心看色般，故稱比量證空。如常念獨子，故眼誤視為子般，經由長久串習空性，就能以現量證悟空性。無念乃無雜念之意，並非否定空證現量。

增功德。獲得現證實諦見道至金剛喻定[39]等，一切滅、道對治之功德力，皆稱法寶。

所求樂與所離苦是由所取善及所斷惡而來，所以為了遠離痛苦，就應斷除帶來痛苦的業與煩惱，我們才能從痛苦當中獲得救拔。至此，才能得到永遠安樂的寂靜——「涅槃滅諦」，而欲獲得的方法唯屬道諦，故需依道諦，而來修法。

亙古以來，所有祖師莫不依此成就，是故行法時應以上述次第修持，不應只是為了維持一種良好傳統而修；而且在許多世間行善斷惡的方法中，身為佛弟子必須以佛理相應之法而修才是。

在這世界上，依由各種工、農、游牧等事業能解決短暫的飢餓之苦，同樣的，由於注重健康衛生，以及定時服藥等等措施，也能預防或壓抑暫時的病苦。然而因為有了人的身體，所以想脫離今世的生、老、病、死等苦根是不可能的事。無論何人，最後一定都會隨著老化而死亡。雖然有時可藉由各種藥物、法會或是長壽觀修等方式來幫助延壽，但也只是暫時延長生、老、病、死等苦，並非能斷除根本。

當人類遇到無法解決的問題時，就像印度的婆羅門教一般，許多宗教認為有一位創造苦樂的世間主宰，如果皈依或禱告此神，則能快樂並解脫不想要的痛苦。因此有很多宗教相信，世間主宰掌控著苦樂，例如基督教就是其中之一。但我們佛教徒不認為樂苦掌控在造物主的手裡，所以皈依的對象也不只一個，而是佛、法、僧三寶。

佛教的教義裡，說明了由於內心調伏及未調伏的緣故，而形成了快樂與痛苦，並非只靠祈禱三寶來追求快樂或遠離苦難。在普遍的英語用詞中，所謂的 **religion**，宗教，是指有位創造樂苦的造物主後，再作禱告的意思，這不僅不符合佛教的思想，而且還與梵文 dharma「法」的詞意背道而馳。如果宗教之名是建立在對於製造苦樂的神或上帝的禱告形式上，那佛教可以說不是宗教。

佛教不是只靠迷信建立的一種形式。因為佛曾親口說：「比丘或智者，應

㊴ 金剛喻定：證得羅漢果位前的最後空證現量之三摩地，如金剛不能被煩惱所摧毀，故稱金剛喻定。

善觀我語，如金煉截磨，信受非唯敬。[40]」此偈頌文的內涵是：即使是比丘或是尊者，無論是誰都不應該因我所說而即就信受，而是應該觀察我所言之意，如金匠擇金好壞，是由煉、截、磨三種順序而來觀察。同樣的，觀察經義時若與實際狀況符合就應接受，若與實相不合則不應許。這是佛的教誡啊！

佛教是由道理的追溯而形成的。例如佛教徒以深奧的多種理由，說明了前後世存在的原因[41]，然而，如果科學家能夠有力證明前後世是不存在的話，那佛教徒絕對不會一意孤行地固執前後世的主張。這代表了佛教徒是講理的，並非迷信的執著。佛經說信心有三種：淨信、求信、理信。此中最主要的就是「理信」，因為如果沒有以理為據的話，信心不會堅定，故必須觀察實際狀況或有足夠的理由為證之後，佛教徒才會接受。

真正的佛教是反對迷信的。部分的中國共產黨員及不懂狀況的人認為，世界上所有宗教思想都相同，並一致列入迷信派。其實，這是因為那些人不懂我們佛教的思想。在近代物質先進的西方國家裡，已經有些具足權威性的科學家們[42]，以客觀的態度來認同佛法所說的心、氣、脈、微塵等內涵。此外，也已經有越多的人去注意或是研究，透過觀修使內心獲得調伏的方法。他們以科學理念做各式的研究，不是為了對佛或佛法生起信心，而是透過科學的觀點證明了許多理念相同後，才認同佛法的。所以，佛教是以理安立[43]的一種學說，而非唯以迷信安立。總而言之，如同佛陀所說，如實依法行善斷惡，才能得到內心安樂，方能忍受身體等苦，並打開快樂人生之大門。反之，若佛法只是迷信，則

[40] 經說：「如金煉截磨，遍辨我所言，後取非以欲，或因他所行。」此偈頌文另有不同翻譯。

[41] 法稱菩薩於《釋量論》說道：「根大氣及識。」佛法主要以識、根、氣三種道理來解釋前後是存在的原因，顯教以識、根兩種，密教以氣來作說明。

[42] 從十七世紀後，隨著科學的先進，減少對宗教的信仰，然而科學不但不與佛理產生矛盾外，還有許多相同的觀點。例如著名的物理學家牛頓（Newton）以及達爾文（Darwin）等主張的地心引力、胎內嬰兒的形成、水和原子以及動力的能量、細胞等理論，與佛家的俱舍論、喜胎經、正念經的涵義有許多相同的觀點。尤其是後代著名的科學家愛因斯坦（Einstien）所發現的「相對論」（Theory of Relativity），雖與之前的學者們觀念相反，卻與兩千年前的龍樹尊者所說的緣起性空有許多相同的地方。同樣的，科學家所說的天文學（Astronomy）、原子粒子（Atomic particles）、神經生物學（Neurobiology）、宇宙論（Cosmology）或物理學（Physics）等等，尤其是愛因斯坦的主要學徒如馬克斯・普朗克（Max Palnck）、尼爾斯・波爾（Niels Bohr）、海森堡（Heisenberg）等人所發現的「量子論」（Quantum Theory），與佛理有著許多地方相同。

[43] 聲聞地論裡說：理有四：依賴、作用、成立、法性共四。

須依賴另一種方法追求真正安樂。當然，有這種方法的話是最好不過，但卻找不到啊！找不到調伏貪瞋的方法，慢心卻一籮筐，真是沒有意義。

具恩導師在鹿野苑轉四諦法輪、靈鷲山轉無性法輪、毗舍離城轉善擇法輪，流傳至今已有兩千五百多年的歷史。除了後學者的補充外，在世界所有客觀學者的面前，我們能勇敢地說：「佛法毋需因為經義的錯誤而作修改。」以一個客觀的態度來看佛法的話，佛法給人類帶來快樂，除此之未曾製造任何麻煩。可惜的是在佛法興盛之地，卻有掛著修行者面具的人，只想著今世的利益。他們不但不修行，反而拿佛法作為賺錢的工具，在佛教界內製造糾紛、帶來爭執並削弱佛法的偉大精神。上述的種種問題來自人格品性過於惡劣所導致，絕非佛法本身的問題，因為這是一個事實，所以不需隱藏。

就像科技研製出來的「西藥」，是經過好幾代西醫的肯定、研究發明的藥物。但是在偏僻的地方，隨著醫術的落後，濫用藥物還是會帶來傷害。但沒有一位真正客觀的醫生，會因為這個理由，就判定這是「西藥的錯誤」啊！只要是明理的人，都可以明顯地看出病患受傷害是因為醫術太差所造成的問題，同樣的，佛教界也是如此。

「佛教觀念」不但不是一個落伍的觀念，反而還積極地排斥「落伍」。若我們客觀地去看佛是如何制定戒律的話，就可以從戒律來證明這個道理。菩薩經藏中也曾說：「不應邪命而營生。」遠離邪命就是意味著反對落伍的觀念。

將要解說的論意好好受學的話，一定會有很大的幫助。總之，就是要好好地修行調伏內心方法的佛理。修行之前一定要懂佛理，懂佛理前必須要聽聞教授，需以這種的心態來學習教理。

聽聞時要以善良的動機來學習，也就是說為了利益他人而聽聞。佛法有大小二乘：放棄自利，追求他利的方法稱為「大乘」；雖無能放棄自利、唯求他利，但捨棄所有損他惡行，追求個人解脫的方法稱為「小乘」。傷害他人的同時，是無能成就解脫的，所以才開示斷除損害行，調伏內心的解脫方法。

廣大深奧的佛理、大小二乘的精髓，就是教導我們應該盡力造作利益他人的善行，以及即使沒有利他，也不應該傷害他人的這兩者道理。無論是社會主義，或是共產主義，甚至世上所有的大小團體，都應有「盡力利他、離諸惡行」的資本主義之精神。中國共產黨黨主席毛澤東曾說「服務群眾」的口號，這與佛陀的教誡非常雷同，也與人類實際需求符合。所以縱然不一定能完全利他，但也絕對不能傷害別人啊！這種精神在任何的社會環境下都是必要的，所以我們一定要有「善良的心」。

無論經濟有多拮据、居處有多遙遠、旅行有多困難，我們大家一致提起心力，決定至此聚會，並非為了好吃的食物、好看的節目，或是追求更多的名聞利養來到此地，而是為了學習佛法，尤其是學習大乘教法而來的。雖然有一些人覺得花用旅費，為法辛苦地來到此地，沒有什麼意義，但有一些人卻覺得有極大幫助。

來到此地的求法者，雖然不一定能夠為了佛法，完全捨棄今生的欲望，但一定已經捨棄了少許今世貪著，決定專注修法，這是一個增上、得益的好徵兆。為了修法提起心力、吃苦耐勞是有內涵、有意義的。既然為了「法」勤修苦行是有意義的話，那請問：如何有意義呢？

在此世界不管東南西北任何一方，不管是白黑黃等任何膚色或種族，不管是人還是動物，甚至於微細的生物等等，都有「我」的自然想法。雖然有的生命不一定能清楚地看到什麼是「我」，但卻都一致具有「我想」。由這種「我想」產生了「我要快樂」、「我要好的吃住」、「我不要有苦難」、「我不要有病痛」、「我不要馬上死」等種種念頭，最後在這個基礎上建立了「我的親友」、「我的家鄉」等等概念。這是每一個人都走過的共同經歷。

在這個共同的感受下，每個人都以自己最大的力量來追求安樂、遠離痛苦，就連最微小的生命體也是如此。牠們雖然不像人類一樣擁有著浩瀚的智慧，能在眾多的種類區別中分辨是非好壞，但卻會想著「我要快樂」，遇到問題的時候也會想「我有危險」、「我需要脫離」等等，這些想法是每個生命體的共同點。所以，藉由如此的感受及想法，可知一切生命想追求的是「快樂」，想脫離的是「痛苦」，僅此而已；當然，不只有著相同的想法，還有著相同的權利。

如何離苦得樂的學問是很重要的。而且除了有許多種追求安樂、遠離痛苦的辦法以外，我們所要追求的安樂及所要遠離的痛苦本身也具有多種不同的層次，如由心所產生的苦樂、由身所產生的苦樂，以及今生的、後世、前半生、後半生或今天與明天的苦樂等等。雖然昆蟲、綿羊、犬狼等也都與人類有相同離苦得樂的想法，但和動物比較之下，人們的苦樂種類更加地複雜了。這也是為什麼人類從形成到現在，為了要離苦得樂，所以尋求了種種方法。

就像剛從胎裡出生時什麼都不知道的嬰兒，卻能在幾年後為了享受一點零嘴的「快樂」而哭鬧，或是為了痛快玩一場遊戲而摸著頭四處張望地撒謊一般。隨著年齡的成長，「快樂」範圍擴大的同時，面對群眾的用詞、表達的言語、控制的欲望等身語意三門變得更加地複雜。

為了讓頭腦能夠更機靈、思考得更多，因此人們接受了更高的教育。所以我們可以說提供教育環境的學校，是為了滿足離苦得樂的想法而建造的。相同的，醫院也是為了避免或解決種種病苦而蓋建，個人也藉由各種衣食住臥等方便來追求安樂、遠離痛苦。在這個社會裡，隨著各種不同離苦得樂的想法，或是苦樂因緣觀察後的結論，使得追求離苦得樂的方式變得五花八門，更加多元，就連共產主義思想者們也透過社會階級之競爭，企圖提升經濟水準來「離苦得樂」。

我們的苦樂是怎麼來的呢？若是以廣義的層面去分析，與我們苦樂息息相關的地球是為了什麼而形成？以什麼因緣形成？如何形成？形成後有什麼利益？或者自己有何主見？或對自己有何幫助？總而言之，這些想法的形成，都是以過去的苦樂經歷或教訓，去思考未來要走的路。

針對上述的問題仔細思考時，其內容必定比我們眼睛看到的、耳朵聽到的、手中抓到的還要來得深入，所以形成了「宗義」及「非宗義」兩者。一般農、漁夫們只想飽足短暫今世的安樂生活，不會深入思考，或做出某種思想上的結論，屬於「非宗義」者；另一者則不只是想當下短暫的問題，而是透過仔細研究後，作出某種思想上的結論，這種人稱為「宗義」者，他們透過細微的思路，觀察何者符合道理，或何者與道理不符合等等。

當我們用眼睛去看外物的時候，會想著「眼睛看到了東西」，也因為眼睛看到了東西，所以會覺得「我看到了」。此外，在「我想快樂」、「我不想痛苦」的想法中，也有一個「我」的存在。所以，我們每個人都有「我的身體」，以及依附身體的「我的意識」。

例如今天我的身體感到舒適，但是心裡卻不舒服；或是內心很歡喜，但是身體卻不適，可見身心兩者的存在是無法否認的。其實「身體」的適不適應只是今生一個渺小的問題。雖然身體一開始在母親胎裡形成，但最後身心分離，脫離人世的時候，肉體不過是一堆塵埃而已。

但是，依附身體的「心」卻與身體不同。雖然眼睛看不到「心」，手也摸不到「心」，心沒有形狀也沒有顏色，但卻一定存在。從遠處看到自己喜歡或不喜歡的人時，雖然手沒有碰到，也沒有跟對方說話，但會隨著內心的變化產生苦樂的感受。就像遇到喜歡的人時，雖然沒有機會和對方談天說話，然而透過眼睛在內心產生影像後，就會生起心中的歡樂；遇到討厭對象的時候，內心恐慌不安，身體也會隨之顫抖。

如果內心的一切苦樂都是由身體的因緣所促成，當身體遠離各種好壞的影響時，就沒有理由隨著念頭產生各種心理上的苦樂才是，但事實並非如此，這是我們有目共睹的。就像醫生常對病人說：「雖然你身體沒什麼大礙，但想太多對你不好，所以心理上需要好好休息。」近代有些權威性的醫生也指示：「禪修可以解決身體上的問題，可見身心兩者有極大密切的關係。」因此讓病人透過修禪的方法來解脫病苦。藉由心理上念頭的改變，可影響身體的舒適與否。其實，這已經代表了「心」是「身」以外的另一種物質，以上這些都是很明顯的案例。

既然如此，如何使心獲得安樂，遠離痛苦呢？最好的辦法就是從思想上去追求內心的安樂，遠離內心的痛苦。思想越寬廣，內心越寧靜，就更能夠承受困苦。相反的，思想越狹窄，內心越疑慮，就會自然地想著「如果我能得到財富」、「我需要這個」、「我不要這個」……往往只是一點點的虧損，卻產生難以承受的壓力。有了這種想法後，即使自己做了萬全的準備，但從不同角度去看的話，一定也會找到美中不足的缺陷。

每天早上起床後，心理上應作最壞的打算，並想著：「什麼壞事都有可能發生。」於當天內，如果沒有壞消息，內心當然歡喜；縱然發生了不好的事情，也因為早上有了心理準備，所以不會太過傷心。相反的，從一大早起床的時候，就做最好的打算，想著事業能夠飛黃騰達、一帆風順，這時如果有個什麼不對勁，一定會加倍地傷心難過，甚至連睡覺休息的時候都會忍不住叫苦連天呢！因此，實際上雖有共同的難處，但隨著想法不同，一者感到很痛苦，而另一者卻減少了痛苦。

住在同一間醫院的病人，一人相信「法」、相信因果，而另一人則完全不信，只是享受現有的安樂，厭懼當下的痛苦。這兩者雖然都是病人，然而一位即便無重病，卻因無奈的心情，而致怨天尤人，可能加重病情；但另一位卻懂得業果，不去埋怨，勇敢地接受生病的事實，內心也比較安穩泰然。

在今天的講經集會裡，雖然有來自不丹、錫金、拉達克和尼泊爾等地，各種民族的信眾同聚在此，但是我們對三寶的信心卻是沒有區別的。當然，每人都會惦記著自己的家庭、親戚，而且我們所遭遇的困境，經常面臨著家破人亡的危機，然而即便如此，我們的內心卻仍夠寧靜安穩。很多人都親眼證明了這個事實，也有人曾跟我說過：「這個比喻就是指西藏人。」

在現今的世界裡，每人都想守護著自己的家鄉。相反的，西藏人卻因為失去了自己的家鄉、遠離了家鄉而難過著。可是有人曾說：「他們卻沒有極端消極的表情。」西藏人流亡至今已有幾十年，雖歷經種種困苦，但內心卻仍然安寧，這是由於集聚當下的順緣——個人內心的想法或是能力，以及長久增上緣的福報所感得的果報。

我們西藏人的福報像日蝕或月蝕般，雖受到暫時的損害，卻並沒有用盡。盡力去累積善德，保持善心，就有希望能增長福報，即使日子過得辛苦，卻能內心安穩，甚至能夠拯救自己的家鄉。因此我們是有希望的，不是沒有希望的！我們無論長幼老少，都應提起恆常的心力、提起勇氣。以我個人而言，我努力地提起恆常的心力並作祈禱，同樣的，雖然在場的老人家鬢髮漸白、雙眼變紅，但是你們也不能灰心、不能失望！西藏的問題是由福報來決定，各人衣食事業也依賴著福報的，知道了嗎？

修法後不會立即豐衣足食，或是儲積息利的。但是，未聞法前從口突然冒出的「你去死」或是「你不得好活」等粗言，可藉由未來語業的謹慎而減少。即使是這些小行為都應盡力去改善。同樣的，你們這些商人如果在今天上午以前曾「努力地」欺騙消費者，事情過去就算了，但從今天下午起就不應再有欺騙或是強詞奪理的行為，應當誠實，這才是把法拿來實踐啊。

所謂的修法，是否一定要掛著「不貪著今生」的說詞，然後遷移他處，遠離社會的大環境呢？雖然有這種修法方式，但並不代表一定要這樣做，換言之，即使沒有這樣做，也不一定是沒有修法。在自己的日常生活中，盡力秉持利他之心，並且不去做些惡言、妄語、欺人、兩舌、偷盜等惡行，誠實滿足的話，這就是「修法」了。

在修法的過程時，不應一看到了困難就想「我沒有能力」，也不應因為不想修法，而找藉口說自己是「罪者」，這些都是隨順貪著及欺誑的花言巧語。「我是罪者所以不需穿著」、「我是罪者所以不需吃飯」、「我是罪者所以不需快樂」……如果能這麼懺悔，那才算坦承地表白自己是罪者，但是沒有人會這麼說。

衣食富足、受用圓滿的富人去造作罪孽，真是一件極為愚蠢的事情。因為正受飢寒交迫的窮人也需要行善啊！

如果不想修法或是無能圓滿修法，而以罪者做為藉口，那請問，誰不是罪者？這樣的話，大家都是罪者，沒有人不是罪者。罪者不一定是要拿著刀去砍殺，而且縱使沒有拿刀砍殺，也未必不是罪者。以我個人而言，身上雖然穿著七衣九衣（袈裟），但隨著內心雜亂的種種妄念，如對高於己者的嫉妒、對同等於己者的計較、對低於己者的輕視等等，如果被眾多雜念所束縛的話，在講法的時候，自然會隨著好壞的表情造作許多的惡業。尤其是內心如果隨著自利作意所轉的話，因為之前承諾了菩薩戒及金剛三昧耶，更是累積重大的罪障，當然還得加上自性罪，以及時常觸犯的遮罪等。因此，我們大家都是「罪者」，但時時要想著「雖然同樣都是罪者，可是我算還好一點」，來給予自信，提起心力。

無論我剩餘多少時間，但總是抱著一絲上進的期望，觀察每日的起心動念，努力精進；相同的，你們即便都是罪者，罪者也可以洗滌罪障啊！所以不應想著「我是罪者」、「我很愚蠢」而懈怠貪睡，反之更應精進不懈。雖然對於諸熟法理者不須繁作上述解釋，但今天在此有許多來自邊地的信眾，所以我是針對未聞法、不知法義的人多作說明。

以我為例，比起過往已度過的人生，現在確實有少許的進步，所以你們若能努力下去的話，一定也會更好的。噶當派的格西曾說：「若想某時能得成就，則成就定在某時，因屬有為法性故。」如同上述所說，如果努力肯做的話，一定可以增上。出離心及菩提心是非常難得生起的，然而精進地由少許的覺受累積，絕對能夠證得；反之，一味沮喪失望的話，是不可能瞬間生起善心的。

從另一個角度去做解釋，《四百論》云：「凡庸聖人行甚遠。」如論所云，世間及出世間的想法雖然很遙遠，但是「法」並不一定是在很偏遠的地方修，或是從某處得法才修；因此，從今起即使累積一則微小善行，也是修法。若能不浪費今天的時間並且好好修行，即使僅修行一天，也是很有意義的。在繞塔的時候，不應只為自己祈禱著「希望不要生病」、「長年百壽」、「榮華富貴」等等，而應以更寬廣的心去祈求。平常沒有辦法修行，所以更應該在短短的繞塔時間內，思惟並生起如菩提心般的善心。

寂天佛子在《入菩薩行論》云：「如空及四大，願我恆成為，無量眾有情，資生大根本。」一如論中所說，發起大願心已，專注思惟此義，再去繞塔，才有更大的功德。同樣的，思惟導師釋迦能仁的身莊嚴和語功德後，感恩並追隨恩師，成為他的弟子，努力精進於佛之事業，提起心力或作祈禱，這些都會帶來廣大的利益。

以如此的方式在幾個時辰內念誦著《普賢行願品》，或是念誦著〈六字大明咒〉去繞寺時，就能真正成為有意義的修法。就算是垂暮之年高齡八十歲的老公公，跛足不穩地繞行寺院一圈，吞吐地念著嘛尼一串，臨終時能帶走的也就是這些而已。如果明天還僥倖在世的話，再多繞一圈寺院，多念一串嘛尼，就能多帶走些功德。

如果不想修善法則另當別論，否則在寺院裡穿著袈裟，念著「自生」[44]儀軌文的同時，內心卻想著供養的金額、供茶的味道，外表雖看似在修法，但實際

[44] 密教修行儀軌文。將自我的空正見轉為本尊，故稱「自生」。

上卻是在造惡業啊！有時，坐在法會首席上的我會覺得，場外民眾淚流滿面地合掌祈禱、誠心禮拜，然而場內法座上的我們卻是如此地腐敗，深深地感到悵然。

「法」的修持絕非由外表來衡量。如同剛剛所說的，若能行善斷惡的話，縱然僅有一個時辰，也是有意義的。老人定會更老，然而，若能提起心力，盡全力去修行，定能使人生更有意義，善德定能更勝！

得樂與離苦的最佳方法來自內心的修持。也就是說：「善心善行就會快樂；惡心惡行則會招來更多的痛苦。」修法的根本原因和必須修法的理由皆在於此。所以你們辛苦地聚集在此是值得的，因為「為法而勤行」實屬修法啊。在今日的世界裡，雖有著反對修法的人、相信修法的人和保持中庸的人，可是他們若能透澈地了解修法的內涵，就絕對不會發生反對修法的情況。

不論相信前世今生，或是不信生死輪迴，只要是想要利益社會大眾的人，都會一致認為「利他之心」是大眾共同所需。在這個共同一致的需求上，人們是沒有宗教信仰或是非宗教信仰的區別。當然，人能不能夠做到真正的「利他」，則又是另一回事。其實「利他」的善心就是修法的精髓，至於如何將善心的修行發揮到極致，這在大乘的修法中另有闡述。

以整體劫數來看，過去及未來的一千零二尊佛內，導師釋迦牟尼佛是第四尊佛。兩千五百多年前誕生在印度的善巧大悲之導師，由於過去無量、無數、無計劫的長時間內，遍盡了大海般的苦行，獲得了見能生喜的三十二相、八十種隨行好、六十種善妙法音，又能隨順所化眾生的根機，使他們滿足暫時及究竟所需之功德，並且擁有著同時間內現證「如所有」及「盡所有」的離礙無上之智慧。總而言之，導師釋迦牟尼佛已斷盡一切過患，獲證了身語意不可思議的種種功德。恩惠之導師在菩提迦耶聖地的菩提樹下示現成佛，後抵鹿野苑初轉法輪，乃至示現涅槃相前宣說了眾多法義。如是的法輪在人間、天上、地下、地中、地上等不定境中，授予了共同的所化眾生、不共的少數眾生、祕密的不共度眾等諸根有情。此淵博深奧的法輪，可略分為大小二乘。

大乘因是發菩提心的緣故，比小乘的修行更加深奧及廣大，又說明了六度的修行、修成三身果位的內涵、意樂與加行的關鍵、究竟果位的殊勝等，建立了大乘不可思議的尊貴內涵。大乘又可分顯教的般若密多乘，及密教的咒乘（金剛乘）等二；佛說的密教咒乘又比顯教的般若密多乘更為殊勝，因此「顯密雙運」是非常重要的。

雪域（西藏）的興盛佛法之傳承來自印度。西藏北邊的內蒙古、外蒙古、以及現屬蘇聯區域內的卡爾梅克（Kalmyk）、布里亞特（Buryat）和土爾扈特（Torghut）等地都有過導師的教誨流傳著。東方的中國、韓國以及日本等地也曾興盛佛法，而且佛法也曾流傳至西邊的阿富汗、巴基斯坦等地區。導師曾在經中預言：「我的教法會從北方傳至北方。」如經預言般的，佛法的發源點是印度，但後來從印度傳到西藏。經中的「北方傳至北方」的意思是指西藏的北方。以前有位認識的朋友說道：「因為佛的預言中有『北方傳至北方』的這句話，所以請您加持北邊蒙古的佛法興盛。」我開玩笑地回道：「如佛說的『北方傳至北方』，佛法已傳入北方一次了，但第二次我倒不敢確定喔！」如同佛所預言般，現今正在興盛著呢。

總而言之，佛法的起源地是印度。佛在世的時候所轉的法輪，普遍以小乘為主，唯有針對少數的根機者說了大乘的法門。換句話說，佛在世的時候就應該要興盛大乘教法，可是實際上，那時大乘教法好像不是那麼地普及。

因此，不只現今常有人提到「大乘非佛說」的理念以外，過去也有很多的異議。世尊涅槃後，大乘曾有過日趨式微的現象，甚至在數百年內唯剩「大乘」之名。後經由佛曾預言的大開派師龍樹菩薩，以及無著菩薩兩位尊者來奠定大乘之教理，令使大乘教法於數百年間如日中天、宏揚光大。然而，在印度歷史的後期，大小乘的教法卻幾乎連名稱都沒有了。

雪域西藏的教法自從過去的藏王至西元一九五九年中，雖曾敗壞，然而並沒有過百年衰退的跡象。朗達瑪執政的八十年中，教法曾經敗壞，但只限於衛藏（西藏的中部）而已，後藏及前藏（康區及安多）等區域教法仍在。現在，雪域西藏的教法雖有少許的衰微，但是以整體而言，從過去的幾千年至今，顯密雙修的佛法傳承還是存在的。隨著時間的不同，早期西藏的教法稱為寧瑪（藏文直譯為「舊教」），後期的教法有薩迦、噶舉、噶當、覺囊、格魯等等，除了各派上師的傳授方式不同，以及修法作息上有少許的差異以外，這些都是顯密雙修的傳承。

西藏顯密雙修的教法極為興盛，使附近的不丹、錫金、拉達克、磨烱（Monpa，又稱門巴族），以及蒙古等地之信仰，都成為了西藏宗教文化的「弟子」。最近老師流亡了喔，弟子成為有錢人呢！今天，師徒兩者集聚此處，而且也有一些來自美國的蒙古信眾們，以及在此居處的蒙古信眾們。

我們所要修行的佛法是一個顯密雙修的清淨正規法門，也就是說西藏人所修的法門是內外二道中的內道。內道可分為大小二乘，西藏人所修的法門是大小二乘中的大乘，大乘中的顯密二法雙運之修行。西藏佛法是顯密雙運的教法，所以在此以顯教的法理而作解釋，吉祥時輪金剛在灌頂時以密教的法理而作解釋，顯密兩者配合解說成為了「顯密雙運」。

顯密雙運之理：顯教時，述說了菩提心寶的基礎，因此，缺乏菩提心的「密教」只是一種沒有內涵的名稱而已；同樣的，少了大乘法門中的空性見解，密教也就等於單隻手的工人。此二者：慈悲為根本的愛他勝己之菩提心，以及諸法無始無有自性、無始離戲論之甚深空見，若不懂這兩者雙運修行的關鍵，是沒有辦法獲得密教深法成就的！

因此之故，經中所說的出離心、菩提心、空正見這三者是修密的根本基礎，再加上修學有關無上瑜伽部的生起及圓滿次第的續經，以及各別續釋的內涵，才能真正獲得密教深奧的殊勝內涵。相反的，如果沒有與顯教共同所修習的出離心、菩提心、空正見等為基礎，直接修習咒乘裡的生起、圓滿次第，如本尊、氣脈、明點等等，雖然這些法門非常的殊勝，但學者的條件不夠、基礎不足的緣故，並不合適，也不會獲得利益。就像使用藥力很強的藥物時，必須具備體質上的條件，一個身體虛弱的病人是沒有辦法消化的。

使用藥力強烈的密教法門，配合著體質優良的出離心、菩提心、空正見，長時間去改良內心的品質，這種密法的修行者，才是真正的顯密雙運。總而言之，在顯密兩者間都不可缺少的命根，即是——如意寶「菩提心」。

今天我們都有非常難得的機緣，能夠在這塊許多聖者足印加持過的聖地上累積福田，因為經中曾說道：「在聖地上所累積的福報，會比其他地方所累積的福報更大。」修法不是要求改變外在的形態，而是如何提升內心，使其變得更加地善良。因此說法者應謹慎地說法，同樣的，你們也應謹慎地聽聞才是。

《戒經》中說：「說法時，不應對於坐椅上、站立著、持兵器、穿鞋子、拿雨傘、戴帽子，沒有目的結髮髻者而宣說。」話雖如此，但對病者卻是可以開緣的。就像世尊在《戒經》裡說道：「如果把三寶田的東西賣出去，能夠使病情獲得好轉，那就去做！」因為佛法是以悲心為根本，在此對病人也有開緣的情況。譬如此時，我們被太陽曬久了也會容易生病的，為此緣故，所以你們有傘的人撐傘，出家人可以將法衣披在頭上，要懂得配合環境去小心照顧自己。獲得成就的上師，能夠自在地控制內部四大時，是不需要依賴外在的四大；可是當今天在場的上師沒有這種能力，弟子也沒有這種能力的時候，還是要順著外在的環境，好好注意個人的健康才對。

一般在傳法的前行會念誦驅魔的咒語，或是念誦《心經》，那今天就念頌《心經》吧！我們在講聞佛法的時候，有念誦《心經》並且拍掌的習慣，這是為了驅除非人的障礙。具有恩惠的導師在印度說了八萬四千法門，其中最妙、最深、最勝的就是《般若經》了。《般若經》又可分廣、中、略三者，此中內意深奧，然用詞簡略的《心經》，是我們平常要去背誦的一部經典。

念誦《心經》的時後，會背誦的人請念誦；不會背的人請思考《般若經》中的主要內容：成佛是由菩提心的方便資糧，以及空正見的智慧資糧兩者雙運而有。如此地思惟成佛之道、佛果之德，則可獲得極大的利益。之後我再帶領念誦〈文殊禮讚文〉三次。此後接著念誦「諸佛正法眾中尊」的偈頌文三次，這時，師徒兩者都應擇治意樂並生起皈依。「諸佛正法眾中尊，直至菩提我皈依」這兩句是皈依文，而接下來的這一句「我以布施等資糧」，隨著傳法的因緣，也可以改成：「我以傳法等資糧，為利有情願成佛。」同樣的，聞法的弟子也可以如此地朗誦：「我以聞法等資糧，為利有情願成佛。」現在，請大家一齊合掌開始：

「諸佛正法眾中尊，直至菩提我皈依，
我以（傳）聞法等資糧，為利有情願成佛。」

造者殊勝，此論傳承

在此，簡略地傳授西藏大學者鄔瞿（此造者誕生的地名）佛子無著賢所著的《佛子行三十七頌》之教授傳承。鄔瞿佛子無著賢個人的詳細自傳於此難以敘述，然而以現在的時間來推算的話，無著賢尊者大約是在六百年前（宗喀巴大師的前一代），也就是與布敦大師同一時代誕生的。尊者的出生地在薩迦，幼時善良，恆常幫助別人。當尊者要去拾柴或是撿糞的時候，只要看到他人找不到火柴，就會特別擔心。總而言之，他人的憂慮永遠勝過於自己的憂慮，這是尊者從小就有的天性。

之後尊者出家，依止四十多位善知識，其中最殊勝的主要師長是般若十萬。尊者精進學習了眾多顯密經藏，並成為了大學者。尊者學以致用，學得越多修得越好，後來成為了一位既有學問，又有修行的不可思議之大成就者。尊者主要以菩提心的修行為主，平常主修自他相換㊺。因此，尊者在世的這一生獲得了共同肯定的「雪域鄔瞿無著賢佛子」之美名。

布敦一切遍知和尊者有互相往來，布敦大師也非常地敬重尊者。有一次，布敦大師手疼，對尊者說道：「您有菩提心的緣故，請您加持我的手吧！」在那個時代，布敦大師及尊者的座下有許多聽聞佛法的弟子。《十地經》云：「火由煙得知，水由水鳥知，菩薩智慧性，藉因相得知。」如經所云，尊者是否為修學菩提心者的主要繼承人，或是尊者有沒有資格被美譽為「佛子」，這一點可以由這本論典來揭曉。

尊者的身旁有隻狼，因為平常與尊者相處的緣故，所以隨著尊者心性的柔和，那隻狼竟然連肉也不吃了，又哪會傷害人呢？聽說尊者說法的時候，主要講授菩提心的內涵，因此會時常憶念到無奈眾生的種種痛苦而不忍哭泣，然而此時的另一方，布敦大師講法的會場中卻時常可聽到大眾的笑聲呢。

尊者上半輩子殷重勤習，是為大學者；下半輩子主要修持菩提心，是為具有學問的大成就者。尊者撰寫的這本《佛子行三十七頌》確實可以讓內心帶來

㊺ 愛己的心轉移到他人的身上，排斥他人的心轉移到自己的身上。

極大的正面效應。誠如此修心頌文於後段時說道：「若不細察己過失，道貌岸然行非法。」這是句非常實際的誡言。我們常驕傲地自稱為大乘行者，但在缺乏內心的自我觀察中，大乘行者卻做出違背大乘精神的事情，這是很危險的。所以必須反覆觀察自心。

鄔瞿無著賢佛子為了使自己的修行獲得增上，並且讓有緣的眾生也能得到利益，所以著作了《佛子行三十七頌》這部論典，此書把每天愛他勝己的菩薩行，總略為三十七個部分來作闡述，不只如此，此中還有完整的三士道次。為能傳此教授，我個人的傳承來自刲咨持教法幢，他是一位內心非常溫順、謙虛，不可思議的大師。他的傳承來自於一位康區寧嘛派大圓滿寺院的閉關成就者。我現在所讀的經典是在西藏發生了暴動後，一位拉尊仁波切給我的，好像這位仁波切平常也修行這部論典，我平常也念誦，所以，現在將要傳授給你們這部有加持的教授傳承。

佛子行三十七頌

禮讚文

雖見諸法無來去，唯一勤行利眾生，上師觀自在尊前，恆以三業恭敬禮。

發願造論文

正等覺佛利樂源，從修正法而出生，修法復依明行要，故當宣說佛子行。

次說論文

此生幸得暇滿船，自他須渡生死海，故於晝夜不空過，聞思修是佛子行。

貪愛親方如水動，瞋憎怨方似火燃，癡昧取捨猶黑闇，離家鄉是佛子行。

遠惡境故惑漸減，離散亂故善自增，心澄於法起定見，依靜處是佛子行。

常伴親友還離別，勤聚財物終棄捐，識客且遺身捨去，捨現世心佛子行。

伴彼若使三毒長，並壞聞思修作業，能轉慈悲令喪失，遠惡友是佛子行。

依彼若令惡漸盡，功德猶如初月增，則較自身尤愛重，依善知識佛子行。

自身仍陷生死獄，世間神等誰能救，故於依止不虛者，皈依三寶佛子行。

諸極難忍惡趣苦，能仁說為惡業果，是故縱遭命難時，終不造罪佛子行。

三有樂如草頭露，是須臾頃壞滅去，故於無轉解脫道，起希求是佛子行。

無始時來憫我者，母等若苦我何樂，為渡無邊有情故，發菩提心佛子行。

諸苦由貪自樂起，佛從利他心所生，故於自樂他諸苦，修正換是佛子行。

彼縱因貪親盜取，或令他奪一切財，猶將身財三時善，迴向於彼佛子行。

吾身雖無少過咎，他人竟來斷吾頭，於彼還生難忍悲，代受罪是佛子行。

縱人百般中傷我，醜聞謠傳遍三千，吾猶深懷悲憫心，讚他德是佛子行。

縱於眾人集會中，攻吾隱私出惡言，於彼還生益友想，倍恭敬是佛子行。

我以如子愛護人，彼若視我如寇仇，猶如母對重病兒，倍悲憫是佛子行。

同等或諸寒微士，雖懷傲慢屢欺凌，吾亦敬彼如上師，恆頂戴是佛子行。

雖乏資財為人賤，復遭重病及魔侵，眾生罪苦仍取受，無怯弱是佛子行。

雖富盛名眾人敬，財富量齊多聞天，猶觀榮華無實義，離驕慢是佛子行。

倘若未伏內瞋敵，外敵雖伏旋增盛，故應速興慈悲軍，降伏自心佛子行。

五欲本質如鹽滷，任幾受用渴轉增，於諸能生貪著物，頓時捨是佛子行。

諸所顯現唯自心，心體本離戲論邊，知已當於二取相，不著意是佛子行。

設若會遇悅意境，應觀猶如夏時虹，雖見美麗然無實，離貪著是佛子行。

諸苦猶如夢子死，妄執實有起憂惱，故於違緣會遇時，觀為虛幻佛子行。

求覺尚須捨自身，何況一切身外物，故於身財盡捨卻，不望報是佛子行。

無戒自利尚不成，欲成他利豈可能，故於三有不希求，勤護戒是佛子行。

欲享福善諸佛子，應觀怨家如寶藏，於諸眾生捨怨心，修安忍是佛子行。

唯求自利二乘人，猶見勤如救頭燃，為利眾生啟福源，發精進是佛子行。

甚深禪定生慧觀，能盡除滅諸煩惱，知已應離四無色，修靜慮是佛子行。

無慧善導前五度，正等覺佛不能成，故具方便離三輪，修智慧是佛子行。

若不細察己過失，道貌岸然行非法，故當相續恆觀察，斷己過是佛子行。

因惑說他佛子過，徒然減損自功德，故契大乘諸行者，不道人過佛子行。

貪圖利敬互爭執，聞思修業將退失，故於親友施主家，離貪著是佛子行。

粗言惡語惱人心，復傷佛子諸行儀，故於他人所不欲，絕惡言是佛子行。

煩惱串習則難治，勇士明持正念器，貪等煩惱初生時，即摧壞是佛子行。

隨於何時行何事，應觀自心何相狀，恆繫正念與正知，修利他是佛子行。

勤修諸行所生善，為除眾生無邊苦，咸以三輪清淨慧，迴向菩提佛子行。

迴向文

我依經續諸論典，及眾賢聖所說義，為欲修學佛道者，撰佛子行卅七頌。

才淺學疏文不精，碩學閱之難生喜，然依經教聖者故，佛子行頌應無誤。

然佛子行諸巨浪，愚鈍如我難盡測，故祈智者慈寬恕，違理無關諸過失。

吾以此善願眾生，皆發真俗菩提心，不住有寂得自在，咸成怙主觀世音。

先說善義

在此可分三大科判得知本論：先說善義，次說論文，後說結語。初者分二：禮讚文及發願造論。今講初者。

本文云：

南無甄給厦拉押。[46]

雖見諸法無來去，唯一勤行利眾生，

上師觀自在尊前，恆以三業恭敬禮。

在此論的一開始說到了「南無甄給厦拉押」。這是印度文，其內涵是「禮讚聖者觀世音世間自在」之意。首示印度文的目的為何呢？雖然這部論並非印度人所著，但為了傳承的清淨，以及與有緣者結下梵語善緣，故說此義。

[46] 譯者註：因為本書解釋的主要內容有關於菩提心，因此達賴喇嘛尊者法集編輯室在這裡特別使用梵文頂禮了大悲觀世音，以建立良好緣起，所以寫下了這段頂禮文。

此文中雖無禮讚諸佛菩薩，但卻特意地禮讚上師及觀音尊者，這又是為什麼呢？因為將會闡述的內涵是有關佛子菩薩的修行。怙主慈尊解釋菩提心的根本時，在《莊嚴論》裡說道：「此源是悲心。」如論所云，悲心是增上意樂的主因，有了增上意樂才會直接生起菩提心的。況且，佛的悲智業所化成的三怙主中，聖者觀音則是諸佛的悲心所現，而鄔瞿無著賢佛子又依止觀音為主要的本尊，再加上自己所修行的主要內涵又是慈悲為本的菩提心，自然就會禮讚與自己修行有關的上師及觀音本尊了。

所云：「雖見諸法無來去。」此偈禮讚的對象是從導師世尊傳至一切廣大行，及深見行的雪域上師，尤其是尊者個人的法緣傳承師長和怙主觀音。論云：「上師觀自在尊前。」此中特別指明「上師」二字的原因是什麼呢？因為至尊阿底峽聖者說道：「大乘一切大小功德皆由上師所得，汝藏人視師長為凡庸想又如何能得？」如《廣論》裡所引用般，阿底峽聖者殷重說明了大乘之法是由上師傳得，是故禮讚上師。大乘道源來自慈悲為本的菩提心，所以，寂天菩薩在《入行論》中說明了如何生起自他相換、愛他勝己的菩提心，又說此心依賴上師而有，所以此文禮讚了與觀音無二的上師。

上師及怙主觀音具足什麼功德？此德即是獲得究竟斷證之德。所謂究竟斷證之理，則是永遠的斷除煩惱障及所知障，故稱「斷」。若不能斷，就不能同時現證二諦，更不能在通達萬法真如本性當中，無有動搖地勤行利眾事業，所以此時的「證」，就是同時現證二諦的證量。

大乘之門乃菩提心。怙主慈尊於現觀《莊嚴論》云：「發心為利他，求正等菩提。」如論所云，發心謂緣一切有情後，為利有情故，希求無上正等圓滿佛果。發心已，次學難行之六度佛子菩薩學處，終獲究竟利眾身語意之三門功德而成就果位。

如是佛果又如何能得呢？佛的不可思議三門功德，總略可分為色身及法身兩種。此德絕非無因所生，或是異因而有，而是從自因而生起，同類因緣所形成。怙主龍樹於《六十頌如理論》云：「此善願眾生，修集福智糧；獲得由福智，所出二殊勝。」如論所云，殊勝法身及殊勝色身皆由福德、智慧二資糧的同類因而證得；在二諦的基礎上，建立了二資糧的根本，如鷲內仁波切於間雜讚曰：「雙運果二身，雙運二道成，如是因果由，相空定解證。」所以，基二諦、道二德、果二身，這就是佛陀教理的大綱啊！

何謂基二諦呢？「雖見諸法無來去」，謂勝義諦乃諸法究竟本性、究竟性質，如《中論》的禮讚文中所述，緣起生滅等名言法，於如所有性上遠離滅生等八法；唯屬名言則有生死、來去、一異等各種戲論，然而這些卻非在諸法的究竟性上形成。生滅等性質是法上的「世俗性」；所以，世間人可親眼看到種子生果的生滅緣起，也就是所謂的：「欲求善果應種善因、欲離惡果應遮壞因。」

果賴因生，離因無有果，永離互賴的自主是不存在的。然而，每法的生滅性質，於究竟性中又無能獲得，故稱生滅無有自主，無有自性。大師宗喀巴在《緣起讚》中說道：「若由因緣生，此物無有性。勝此希有語，妙說如何能。」如論所云，由於因果的生起還滅，緣起之理，所以無有自性。

既然生滅等戲論諸相於勝義性中是不存在的話，來去等相於此性中更不應有。龍樹尊者於《中論》云：「不滅亦不生，不斷亦不常，不來亦不去，不異亦不一，能說是因緣，善滅諸戲論。」此中說明了遠離「滅等八法」的究竟空性。總而言之，以世間名言的角度來看，雖然不能否認來去等緣起作用，但這一切在勝義性中卻不存在，所以在無有動念、無漏聖者的根本定中，已經遠離了滅等八種緣起之法。也就是說，現證空性當中雖見無有來去，但是名言中仍有「善因感善果、惡因感惡果」的事實。此故，名言緣起的正量安立了無誣的因果；因果存在的性質又並非從自己所生、自性而有，故稱「因由緣起，自性寂滅」。

在「依賴」的基礎上建立了因果緣起，再加上諸果皆由同類因所生，所以曉得惡果來自惡因的因果論後，自然就會對惡果壓迫的眾生發起悲愍。是故，無動根本定在現證諸法無來去之空性時，又能隨著無誣緣起之理，對於痛苦眾生發起如同母愛獨子般的慈愛，而生起了愛他勝己的心量。

「唯一勤行利眾生」謂唯求有情能脫離痛苦及所有苦因而精進努力。總之，在禮讚文的時候，說明了開悟諸法空性的如所有性之智慧，以及受苦有情、所受痛苦、離苦之樂、得樂之理等盡所有性之智慧，來敘述觀音聖者能同時現證一切二諦之智慧功德。此德源由菩薩道時的空性智慧，以及大悲為本的菩提心，藉由這兩種資糧一併走上深見、廣行的雙運之道所獲得。但最終還是因為有了二諦的實際基礎才能修持啊！

透過多劫修習空性，而遠離了煩惱習氣等遍所知障後，現證空性時，如同水融入於水般，識境無二；又似眼見掌上明珠般，清澈明瞭，在這種無念根本定的不動搖當中，隨著清靜或是汙染眾生之根器業緣，現出各種遊戲化身，利眾事業二十七種等無有間斷，究竟圓滿慧悲業的能力。雖是安住真如法性，卻又現證盡世俗性，因此發起了如同慈母疼惜獨子般的愛心、被慈愛所轉、愛護一切有情，乃至虛空未盡之前。

從今起，我（鄔瞿無著賢佛子）將永遠皈依具有悲慧業三種功德之怙主觀音，這不是因為遭遇了困難才作的決定，而是一種恆久的敬禮。以如是念，不只念誦一、兩次的皈依文，或是改變外在的型態而已，而是以身語意之三門做出虔誠的禮讚及敬拜。

發願造文

第二發願造文。

本文：「正等覺佛利樂源，從修正法而出生，修法復依明行要，故當宣說佛子行。」謂斷一切過、證一切德的佛陀是我們皈依的導師，他如實悟道了取捨之處，引導眾生趣入正確方向。法稱菩薩於《釋量論》云：「能成由悲習。」如論所云，串習愛他勝己之菩提心後，圓滿正覺，轉聖法輪，讓希求離苦得樂的虛空有情能真正獲得安樂、遠離痛苦，所以先讓自己未調伏的心獲得調伏，調伏已令使增長，圓滿暫時及究竟之利益。

造業的好壞源於「心」有無調伏，令使心獲得調伏的最好方法就是實踐取捨善惡；實踐取捨，又先得認知取捨之處，認知取捨之前，又需依他指導，是故導師如實地為我們宣說了因果取捨之理。所以我們說：「佛陀及他所宣揚的教法是利樂的根源。」佛並非「常、一、自主」的士夫，也不是無始來就已成佛；釋迦牟尼佛在成道前也跟我們一樣有種種缺點，但他依止善知識，修行正法，長習愛他勝己的菩提心而獲得佛果。

去了解內心未調伏的壞處、已調伏的功德，如此精進努力，就能慢慢地斷一切過、證一切德。我們都是想要快樂、想要獲得利益的，既然如此，應問問自己什麼是利樂的根本？什麼是痛苦的來源？隨著自己的身語意之造作，形成了好壞等作為（業），好的作為（善業）帶來了快樂的果實；同樣的，壞的作為（惡業）則造成了不要的痛苦。所以，造作壞業的念頭是痛苦的根本，這都是因為內心還未調伏的緣故。相同的，快樂果實來自內心善良的一面，如道德觀念，或是利益他人之意樂等。其實修行的內涵就是把善良的一面逐漸增強，尤其是以下將解說的大乘法門，更是圓滿解釋諸有情離苦得樂的方法，透過上述的種種理由，佛教確實是「利樂的根源」。

宗喀巴大師在《菩提道次第廣論》中說道：「唯有佛教利人天，安德之本堅信矣。身壽可棄法不能，祈願大勇勤持教。」謂佛法乃一切人天所有利益及安樂之根本，藉由此法，可以斷除自續所有過患、獲證一切功德；隨著不同眾生的所需及根器，示現無邊遊戲化身，圓滿他利事業無有間斷等，如是佛果功德皆由教法所成。

過去佛皆由憶念法義、思惟法德，而斷除眾過、獲證諸德，故能自然任運究竟二利事業。如果我們也如是修行法要、實踐法義，當然也可以成就「斷一切過、證一切德」的佛果位。現在既已了解修法可以成就果位，那就不應該只是聽聞法義、了知法義而已，而是每了知一詞之法要，即應努力精進才能獲得成就；若不實踐法要，縱使閱讀了十萬佛經，最終也得不到果位的，因為所有的佛法都是針對修行而說。

此法義首先由佛宣揚，後隨善知識行善斷惡之勸導下，讓自己身上生起如日中天的教法太陽。「正等覺佛利樂源，從修正法而出生」，乍看之下，好像針對「外在」的教法而說，但其實仔細想的話，所謂「圓滿功德皆由修法所成」正說明了：「因為我們自己不想要痛苦，所以要斷除一切過患；因為想要快樂，所以要圓滿一切功德，這些都是由佛所說的教義來成辦的。」

總之，法義必須實踐，然修法前必需了解法要。在眾多法義中，愛他勝己的佛子菩薩行、菩提心等修行之理皆應了知。以下敘述修行方法。

次說論文

從共下士道說修學暇滿義大之理。

我想在「次說論文」的這個科判裡，依三士夫之道次來分，所以為示共下士道之次第，先說暇滿義大。

本文：「此生幸得暇滿船，自他須渡生死海，故於晝夜不空過，聞思修是佛子行。」修行清淨正法之前必須生起修法的不共希求，這種對法的希求來自何處呢？如同上述所說，因為快樂的根本來自於修法，來自內心有沒有獲得調伏[47]，所以，把壞心轉為善心，把未調伏的心轉成調伏平息的心，這種方法叫做「修法」。

現在，雖然知道快樂的根本來自修法的行善斷惡，可是這並非每個生命體都能做到，就像犬羊等畜生也跟我們一樣有著離苦得樂的欲求，但是牠們缺乏修法工具（不得人身），無法修行。同樣的，雖然已獲人身，但是生在沒有佛法的地方，或是已生佛地然屬殘障，以及無法辨別是非的愚者等，都是遠離修法的善緣。

在此思惟，何謂暇滿義大，何能獲此暇滿呢？我們今獲的人身與其他的人身是不同的，因為我們的人身具有八暇十滿的功德。「暇」乃空暇，謂有時間修法，或是能夠自在學法，就像我們很急促的時候會說道：「我很忙，我沒有空暇的時間。」或是說道：「我不忙，我有空暇的時間。」

「滿」乃修法順緣之圓滿。譬如修法時缺乏辨別是非能力、非常地愚蠢，或是自己想學，但尋遍所有地方卻找不到修法的因緣，這些都非屬「法緣圓滿」。我們出生在一個有佛法的地方，有著修法時必要的眼耳，因為我們沒有殘廢啊！我們都已值遇佛法、聽聞教理，並且具足修法的必要順緣，遠離非法的主要逆緣，這些因緣我們都已齊全了。

如同經中所說，無論是直接或是間接，總之我們的身體是一個具足八暇十

㊼ 調伏，謂自己能完全控制自心。如明知不應生氣，但內心不聽使喚仍然生氣；又如明知知足者常樂，卻仍然強烈貪求物質等。

滿的修法工具。萬一今世我們生為畜生，不要說想修行，就是想修行也是不可能的，所以應該懂得「投生人道」是多麼幸運的一件事情！然而仔細思惟，僅有人身也沒什麼好稀奇，因為在這世界上有六十多億的人口，按照這種比例去推算的話，出生在佛法興盛的地方、對佛法有信心，而所修的法又是顯咒雙修的修行者，簡直是少之又少、非常稀有。想想如果有了這個人身，卻生在不可修行的地方，或是完全沒有佛法的地方，那要如何修行呢？可是今天我們卻並非如此。我們投生在一處可以自由修行的土地上。又雖然投生於佛法興盛的國土，然若自己是一位非常愚蠢、缺乏辨別是非能力的人，仍舊無法修行，幸而我們並非如此。

我們非常地幸運，既擁有對佛法的信仰，又能夠聽聞是非善惡的道理，且略知其義。更由於透過外緣善知識無誤地引導三學，讓我們可以完整獲得導師釋迦尊者流傳下來的圓滿法脈，無有間斷。所以，我們真的何其有幸具有這種學佛的機緣！

可是，這一切並非無因而生、異因而成；悅意的果實，一定是從優質的因緣所促成。在此，我們自問：「後世絕對可以得到像今生般的暇滿嗎？」恐怕是非常困難的。如同剛才所說，沒有優質的因緣就沒有悅意的果實；後世要有暇滿人身，今生就要具備廣大的福報，及有力的資糧！

以往說不定有積集少許的功德，但卻不能決定此德已否受損；加上「純淨」之善行又非常稀少，為什麼呢？因為多數行善的時候，很難做到初中後的圓滿，縱使好不容易圓滿初中後的善行，但又很容易隨著之後的瞋心惡業，破壞了已造的功德。若是只要一點逆緣，就會馬上生氣、產生瞋心的話，那現在就無法從自身找到有力的資糧來保證後世的美滿了。死了之後，來世又如何能安樂呢？

相反的，如果自身有著強大的資糧，雖然今世沒有很努力，但卻可以保持對後世的期許與希望。無論別人知不知道，平常應該多多觀察自己是否有著具力的資糧、是否能自我檢查起心動念、行為是否染到汙穢等，這些都是非常重要的。因為在外表上乍似無貪、無瞋、無癡的修行，可是實際上，在內心的最深處也許卻正皈依著貪、瞋、癡等三毒煩惱也不一定呢！如是觀察後，了解自己的真正實力，自然會知道後世如何能夠獲得善果。

稀有的果實，或是自己是否能夠獲得珍貴的善果，都是依賴著自我的資糧才能決定，只要平常自己具有強大的資糧，就不用著疑慮後世的美好暇滿。同樣的，如果自己沒有具力的資糧，無法遠離暇滿的種種違緣，後世得到暇滿的可能性也必定極為渺茫。

今天在場的我們都有著美好的暇滿。藉此身軀，我們可以成辦暫時及究竟的所有利益，因此不應該隨著散亂而放逸，只懂得祈禱迴向！修行正法需要一個好的身體，那就是「暇滿」的人身，但是人身又不會經常獲得。既然如此，那就應該要把握現有的機緣，留植更多善法的種子。因為有了這個身體，聽聞佛法後才能夠得知其義，才能修行佛法，不會像在法會裡的貓犬般，雖然耳邊隆隆作響，卻聞不知其義，牠們不會跟隨著念讀經文，更不懂說法的內容，雖然有講法的師長，可是佛法對牠們無法帶來利益。

在場的我們不只沒有上述的困難，反而因為有了這個身體，更有希望能夠圓滿大義，因為過去許多的先賢大師也都因由暇滿而成就功德。本文云：「此生幸得暇滿船，自他須渡生死海。」謂遍虛空的一切有情，自他兩者都有得樂離苦的希求及權利，那就更應該晝夜不分地勤修佛法。

聞修佛法的主要目的是為了調伏內心，其調伏的方法當然不是經由商店買賣，或是耕耘種田獲得，也不是由工廠製造，或是藉由壓迫可調伏，而是什麼呢？唯有自己「努力修行」四字以外，沒有其他的辦法。有時可能因為過去多世的修行基礎，能夠在短短時間內獲得成就，除了這種特殊例子以外，所謂「內心的調伏」，絕對不是一個小時內就能解決的問題。

以前有位大神通師叫做切旮摩，因為遇到了善緣，在很短的時間內生起了證量與成就。但如果我們抱著一種快速成就的期望，來接受灌頂、念誦咒文的話，其實這是一種不勞而獲的貪欲、不應有的欲望。如果我們真正有福報的話，早就在佛來到人世間時獲得了成就，怎麼會淪落至今呢？

不只如此，佛涅槃後的七代付法藏師（繼承佛位的七位羅漢）、八十位大神通師、南瞻二部六莊嚴等，這些尊者們（印度大師）的教授幾乎與佛語無二，但是我們卻沒有善根能直接聽聞教授啊。何況後來又有早期雪域西藏的君臣二十五人，以及晚期藏傳佛法的寶賢譯師乃至阿底峽尊者的所有噶當傳承上師，從棹弭大師乃至大地五師的傳承上師，馬、密、岡三尊的噶居傳承上師等等。

如果我們有幸生在當時，還有可能會被這些尊者們慈悲引導，但是我們卻沒有這種善根。如果當時能隨著這些師長們好好修行的話，今天的煩惱就不會如此地粗猛。稍加思惟就可以知道，當時我們沒有資糧能夠值遇這些尊貴的師長們，所以在沒有資糧為助伴的情況下，想一步登天、快速成就的想法是完全錯誤的。

眾多西藏的薩迦、格魯、噶居、寧嘛派之上師們，都像至尊密勒日巴一樣「即身成佛」，他們雖然在一生中成就雙運的果位，可是那也是透過長時間的苦行，一年復一年、一生復一生地專注精進而生起證量，這種功德絕對不是突然冒出，或是自然產生的。我們頑固的自心沒有那麼好調伏，一定要有恆常的毅力及努力才能生起善心，所以絕不能灰心！唯有這條路才能夠使我們的善根萌芽茁壯、日增月盛。

我現在雖然已經四十歲了，可是比起過去的五年、十年或十五年前，如果覺得在思想上，或是三門的行為上都略有進展的話，這就是修法的成果，這一點確實可由自心的體驗來感受。雖然有「從本得證量，日生及月生」這種說詞，但如果缺乏了個人的精進，卻想要瞬間生起證量，這是難之又難啊。

以現在的思想模式和十或十五年前的思想模式比較，覺得有少許進步的話，這是修成的實證；如果連一點進步都沒有的話，那就要趕緊開始調伏自心，這是絕對可以辦到的！現在有了暇滿的人身，具足一切修佛的順緣，就應該要好好地專注學習、遠離一切罪行惡垢，圓滿自他二利之事業、努力精進於成佛之果位才是。

精進調伏自心才能成就果位，調伏之前須了知調伏之理，了知之前又須聞思其義；總而言之，沒有學習的話就不會懂得修行。是故本文云：「故於晝夜不空過，聞思修是佛子行。」此文中的「聞思修」謂學習一般佛法教理，尤其是大乘教義時，不應浪費晝夜的寶貴時光，而是以江水長流、晝夜不息的精進力去學佛才是。起初使未達之義令得知，次於已達之義復尋思，後應專緣其義恆習之。如是，在止觀兩者的互相配合下，以自己的經驗讓自心獲得改變。所以此論說道：「這種晝夜不空過的修行，就是佛子行。」

由此可知，「聞」及「思」兩者都非常地重要，不要讓已聽聞的內容只成為「聽過」而已，而是要把已聽到的內容反覆地思惟，最後才讓自心專一地安住在已思惟的內容上，這就是「修」。種敦巴大師曾說：「我聞繫思修，我思繫聞修，修時繫聞思，噶當我不墮。」如上所云，聽聞的時候不要把它當成一種知識聽聽而已，而是要反覆地去思惟並作觀察，直到生起定解為止，再將已成定解[48]的內涵運用於生活上，這就是聞思修併行之意；倘若這三者分離而修，則必然修無所成。

[48] 定解，謂從內心深處的思想中，生起完全的相信。

離鄉欲

此謂遠離家鄉貪婪之理。

本文云：「貪愛親方如水動，瞋憎怨方似火燃，癡昧取捨猶黑闇，離家鄉是佛子行。」謂人在家鄉長久居住後，自然會隨順生起貪瞋癡等煩惱。

自己的親戚好友，或是與此生無關的過去祖先，有如「我的祖先是某某人」，或是轉世喇嘛的「我的前一世」等等，這些都是造成貪瞋的因緣，令自己不需貪婪卻貪婪、不需瞋恚卻瞋恚。也因為如此，念誦佛經的時候，腦子裡一直冒出有關親友的可愛回憶，或是對不喜歡者的埋怨等；做任何事情的時候，遇到高者則諂、下者則慢、中者則諍等等。在這種恩恩怨怨、名聞利養的需求下，讓自已在許多的貪瞋因緣中生活著。

有云：「雖然，沒有積極地繁忙於世俗的恩恩怨怨，但是，仍還有忽略是非的黑暗愚癡。」謂自己在小小茅屋裡面，雖然已經避免了許多貪瞋的因緣，就像出家僧人不需要生活在繁忙的世俗恩怨中，但是還會覺得：「還是得照顧這間小茅屋啊！」而產生了「小茅屋」式的貪婪。

這種貪婪，造成了小茅屋的微妙變化。首先，雖然只是個有點生鏽的舊鐵箱，但會想把它藏在臥床的最角落，再去找塊石板蓋上，才會感到安心；看到罐頭的時候，會想可不可以把它拿來裝鹽巴；多出一塊舊布料的時候，就想著可不可以拿來當抹布，於是把這些鐵罐破布都收到茅屋裡去了。

起初雖不起眼，但是有了這種小小的貪婪基礎後，它的範圍會自然擴大，之後便會想著：「我是不是要弄個佛桌呢？」總而言之，就是要找東西來打發時間。有了經典也不去閱讀，看看東、看看西，這本經典今天擺這裡，明天擺那裡。對於其他人的供水功德，我非常地隨喜，可是有些人卻把供杯及供燈當成一種物品的展覽，刻意把這茅屋弄成了「貪屋」，如此再去念誦經典或是修行佛法，難道不會產生障礙嗎？

在此，勸導大家應該防範自己的起心動念，不要為了一些雜七雜八的小事情來來去去，浪費一整天，這就是之前所說的「忽略是非的黑暗愚癡」啊！這句是祖師給予我們最好的口訣，也因為如此，所以本文中說道：「離家鄉是佛子行。」

「貪愛親方如水動」，謂執著自己的父母兒女、夫妻親友等時，會產生與實際不符合的強烈貪著，不只會使貪心增上，更會趨向貪心的極致而導致毫無章法。在貪瞋癡等三毒煩惱裡，貪心猶如承諾消滅敵軍的勇士，而瞋心是將軍；貪心像我們的至友，以溫柔的方式給予飲食，而嗔心則，為了要保護我們，消滅敵人拿著刀棍守護著我們。乍看之下，瞋心對我們很好，照顧我們、保護我們，但我們卻不知道這種心態已經對自己造成了永久的傷害。

貪心在表面上看似很溫柔，並且會讓自己感到被尊重，但是因為貪心會帶來更多的瞋恚，所以是一種強而有力不應有的狡猾心態。因此宗喀巴大師在《菩提道次第廣論》裡說道：「貪者，謂緣內外可意淨相，隨逐耽著。如油著布難以洗除，此亦耽戀自所緣境，與彼所緣難以分離。」貪瞋癡三者在所有的煩惱力中最為強大，所以論中解釋斷除產生三毒之境是佛子行；雖然詞面只有「遠離家鄉」，但其文的主要用意是：不要強烈貪著世俗雜事，以及調伏內心的主要兩大障礙就是貪與瞋，不要給自心帶來貪瞋的機會。

執著於自己的父母、好友等貪心，以及藉故「此人直接或是間接地傷害我了」的理由，對仇敵產生排斥，並且由遍惱九心[49]所產生的粗猛瞋心，這兩種貪嗔的心態絕對會對我們帶來傷害。

世親菩薩在《俱舍論》中云：「有根六隨眠。」謂煩惱可分五種非見煩惱及五種見煩惱共十。在眾多的煩惱中，最主要煩惱就是貪瞋兩者，這兩者皆由癡心引發，所以此論明述了遠離生起強烈貪瞋之因緣。

尋找個安靜閉關的地方，並且遠離自己的家鄉，是為了審視自己的實際能力來作評斷，這點非常重要。倘若只是遠離家鄉，到了其它地方後認識新的朋友、開始新的貪瞋以及新的恩恩怨怨，那「遠離家鄉」就沒有意義了。所以其論文的主要內容是要讓我們平常在內心裡保持利他之善心，無貪無瞋。

利他的善心不能缺少，可是這顆心不能有貪著的汙染，否則將會受到貪心的影響，很可能隨著因緣的風吹草動，使這顆慈悲為懷的利他之心無法真正帶來利益；由於貪著的汙染，會在看到悅意的事物時使內心與境接近，這時只要境上稍微有負面變化，就有可能馬上完全排斥對方。

真正的慈悲來自於體會到對方不想要痛苦。因為如此，所以當對方的負面變化越多，自然就會更加地關懷及愛護他，把他當成自己的最愛而保護、照顧。

總之，平常不要讓我們的心被貪瞋給影響。一般大眾都會認為：對自己的家人執著，是非、恩怨分明，才算是真正有種的人，否則就不被稱為人。所以，論中說要遠離家鄉，就是要避免這些恩恩怨怨的煩惱，依止阿蘭若（寂靜處），而不是要求一定要遠離自己的家鄉才會有所成就。像現在我們大家流亡在外，遠離自己的真正家鄉，可是卻在新的地方開始新的家園，這樣的話，不是等於沒有遠離家鄉嗎？「遠離家鄉」是指遠離貪瞋的環境，到一個貪瞋因緣極少的地方，如此會有很大的利益。那請問，會獲得什麼樣的利益呢？

㊾ 遍惱九心，謂由自、他、令他的三種理由讓仇家被傷害、仇家得到快樂時自己的痛苦、仇家被傷害後自己的歡喜等共九種。

依阿蘭若[50]

顯示阿蘭若之利益。

本文云：「遠惡境故惑漸減，離散亂故善自增，心澄於法起定見，依靜處是佛子行。」光是遠離自己的家鄉沒什麼好稀奇的，就如同剛才所說那般，正在流亡的我們早已遠離了自己的家鄉，當然這是在無可奈何、不得已的情況下放棄的，但來到了國外後，又被這些五花八門、花花綠綠的物質世界搞得團團轉，這樣的話就沒有意義了啊！所以，上述的課程是教我們如何減少自己的貪瞋，為了避免貪瞋的因緣，若在這個過度期間依止阿蘭若，則會有很大的利益。

寂天菩薩在《入行論》中曾說道：「如是於欲生厭離，於閒靜處生歡喜，諍論煩惱悉空寂，住於寂靜叢從中，可愛月光旃檀香露滌，廣大磐石適悅如華居，萬籟蕭然微颸拂林薄，為他饒益白淨善心生。」拋離世俗喧譁等等的各種惱心繁瑣之事，獨處在水碧山青、山明水秀的明媚景色，晨起空暇之餘，飽讀令人身心清涼之法喜經藏，豈非是人生的一大歡喜？

曾有許多先賢大師由住靜處獲證道地功德，雖然我們暫時沒有能力住在萬籟俱寂的寂靜之地，但如經中所說「如似負傷禽，入林護藏己」，如果在未死之前，真能遠離世俗喧譁，威持正法嚴幢，實屬令人欽佩。

自稱修行者的我們在使用三寶物的時候千萬要小心，雖然在寺院裡有的吃、有的住，不需要煩惱有關生活的問題，可是倘若自己沒有清淨修行的話，那就等於「偷盜」了信眾的虔誠供養，身負大筆十方亡存者的債務，易收難化，故要特別謹慎。至於在寂靜處既沒有信眾的供茶供金，也就沒有十方的供養業債，因此腦筋會更加地清醒，只是平常我們住在寺院，接受十方的供養，所以沒有注意到而已。

有些在深山閉關的修行者因為生活所需，偶時會到有人煙聚落的村子裡去乞討食物，但是乞討後，馬上就會有坐禪觀修不清楚的問題。不只以前在西藏

㊿ 譯者註：阿蘭若乃遠離喧譁混雜之靜處。

有些修行者有過這樣的經驗，在印度流亡的時候也有一些修行者曾這麼提起過。總之，在寂靜處沒有大眾的「供障」，也沒有是非恩怨的喧譁，自然就能專心地聞思法義，增長思所生慧，堅固善德。

住在寺院裡的出家人必須非常謹慎地使用信徒的「供物」及「三寶物」。可能有一些出家人會喜歡香醇的供茶、厚厚的供養，但因過分貪求物質，當施主走近的時候，比看到上師還要來得緊張，渾身諂媚。這是絕對不行的。這是修行者的敗類，也是穿著袈裟者的恥辱。

格魯派有道：「五欲由魔引。」過去在三大寺及上下密院曾因廣大供養引發了嚴重的問題。宗喀巴大師曾在某地教誡：「我的後學不應被供養所牽引。」於是把法缽覆蓋，加上其他的東西後蓋成寶塔，這是一則非常有恩惠的身教。

僧人只求飲食享受，不作清淨修行，實屬羞恥；當初出家的目的是為了跟隨佛、聲聞等尊眾，不顧身外的榮華富貴，立志消滅煩惱。有道：「五欲謂魔使。」這句話真的很重要。「出家」不是改變外在的穿著，而是要如噶當派的格西所說：「立則莫餘有。」應似烏鴉從岩山離去一般，無有眷戀、無有顧慮、少行俗事才對，否則出家人搬移別處的時候，帶著一大堆的家具用品，又如何能說是「立則莫餘有」呢？

說得不好聽點，現在我們遠離自己的家鄉，處於離寄他鄉的流亡狀態，應該看清自己的實際能力而生活。既然出了家，就不要過於羨慕富裕的生活，不要過度地奢侈，這是沒有意義的啊。

最近常聽到有人為了蓋大殿、蓋康村（僧房）而求贊助。不要時常製造別人的麻煩了！求太多的贊助，會使得施主們覺得「贊助」是一種納稅，並非是隨喜的功德。拿張文件到處乞討贊助，並不是件光榮的事情，而且人們在背後也會說閒雜話的，這樣的行為不會有福報。如果贊助者是誠心隨喜的贊助，用這筆錢拿去蓋個大殿也好，或是蓋些僧房也好，這樣才能圓滿啊！否則贊助的動機只是像繳稅般無奈，用這種錢來做善事也沒有用。

真正的寺院及菩提迦耶聖地都是蓋在自己的內心上，如朗日塘巴云：「山王四大攝，岩洞原始心，此乃勝修地，上師安居憩；師莫赴印岩洞居，尊莫赴印岩洞憩！幻化聚身大殿中，勇父勇母脈中住，希有福田謂於此，師眷悉於此處祈。」又道：「輪迴雜念之葬地，世間八法殭屍起；大畏恐懼尸羅林，於此師除魔軍矣。」謂菩提迦耶聖地，以及二十四種大尸羅林（葬地）等聖地，原來都已經蓋建在自己的身上，因此，所謂的「朝聖」不一定需要朝向外在的聖地。

剛流亡的時候，出家人多數在巴薩的地方居住，那是因為生活條件過於貧困，有許多的不便，最後才遷移出去，絕不是貪求更多的肉食及酥油等理由而作出的決定。無論做什麼事都要像經中所說的「離墮行」、「離墮見」，配合現有的實際情況來起居生活。

為什麼要蓋寺院呢？如文殊吉祥勝尊[51]當時建蓋哲邦寺的目的，完全是為了讓更多人能走上成佛的大道，而提供的學習環境，這絕對不是為了居住的所需而蓋房子而已。我們今天既然了解到這個大道理，知道蓋寺的目的，那就應該要謹慎處事才是，所以，在場的不丹、錫金和拉達克等地區的主持們，你們都要特別小心。

有些人是知道蓋寺的理由而捐款，可是，有些人卻不知道其目的而發心捐錢，無論如何，我們不能因為信眾的供養而渾水摸魚，不能把沙子和碎金擺在一起，不要外似修行，其實只是為了養活自己。

我們已經「混」到現在，「混」過來了，可是要知道把毒品倒進佛法的嘴巴裡後，總有一天，我們會永遠地害死佛法啊！要小心。我身為出家人的緣故，我以清淨的意樂勸導在場的僧人，至於來自拉達克、錫金、嘎岈、吡地或剎砮等寺院的僧眾們，請不要認為我有任何輕藐的意思，

對自己無比寬待，對他人卻說「好好修行、斷除罪障、行善積德」等言語，這不是很顛倒嗎？手指還未指向他人之前，應該好好觀察自心是否乾淨。明知自己已有豐富吃喝的物品，仍不慚不愧地伸手領走十方供養，還要勸導別人知足常樂，豈不是笑掉人家的大牙？

宗喀巴大師曾在《菩提道次第廣論》中說道：「自未調伏而調伏他，無有

51 譯者註：藏文為འཛམ་དཀྱུས་བཀྱེས་དཔལ་ཐུལ།。

是處；故其尊重能調他者，須先調伏自類相續。」

世尊在大乘法門的時候說道：「成熟自續的六度、成熟他續的四攝。」此中的利行及同事兩者，是自己不去實踐的話，自然不能為他而說，這兩者是我們出家人要去特別注意的事項；如果能夠好好做到這兩項，就可以累積極大的福田、獲得利益。在隱藏著「供障」下，想要讓自己的功德增長實在很困難，說不定還會每況愈下。所以要努力習佛。佛法的興衰是靠僧團的力量，光是一、兩位深山修行的成就者，不會帶來很大的影響，總而言之，不分教派的寺院僧眾們應當提起心力，特別小心。

因此，當地的寺院及當地的居民要互相和睦相處。無論是在衛生或是行善的教育上，寺院應該給予民眾們更多良性的幫助；同樣的，居民也應該誠心尊敬僧眾的威儀舉止。如果雙方互相利益，姑且暫先不說能不能觸摸到後世的安樂，但對於今生修法的幫助，是絕對可以看到的。雖然不一定有能力長居阿蘭若，但是能在寺院裡面好好修行，嚴守個人的言行舉止，不只自己能夠心境清涼、自在安適，也能成為別人眼裡的模範，有利於自他兩者。

「棄劣逐滅惱」謂遠離雜亂的恩恩怨怨，遠離對自已家鄉的貪著，能令內心得以緩寂。「離散亂故善自增」謂不與親戚好友常時同處，也不繁忙於世俗瑣事，雖然沒有山珍海味，但只要勤修正知正念，遠離十方誠心之「供障」，絕對能讓修心明晰。世尊也曾教誡過諸比丘眾應「過午不食」，這能有益於修心明晰，易入善法。自心明矣，則能生起定解，如是功德來自依寂靜處，故說「心澄於法起定見」。

在獲得珍貴暇滿人身之際，應當修習清淨善法，習善之前則要聞思教義；當內心正修串習聞思之理，為了遠離煩惱因緣，依止阿蘭若。此論說道，倘若身體無法安居靜處，至少也要盡力讓內心遠離世俗雜念，這種阿蘭若的依止就是佛子菩薩的行為。

捨現世心

此說捨現世心之理。

本文云：「常伴親友還離別，勤聚財物終棄捐，識客且遺身捨去，捨現世心佛子行。」謂初聞思教理，次為能修行，故說遠離家鄉，依止靜處，此後就要捨棄「現世心」了。有道：「能棄捨現世乃修行，無能捨離謂未修。」要捨棄現世心之前必須了解沉迷今世的榮華富貴實屬無義，所以論文於此說道「念死無常」。

念死無常之理：首先反覆思惟暇滿之義，認知既然已得難求人身，就要好好做一番有意義的大事，不能空過此生；透過暇滿義大的認知來決定修行，並且相信唯有修行才能真正帶來今後二世的所有利益，其餘莫能，然暇滿人身並非容易能復得。此故，為能成就大義，決定今生將好好利用此身。

不應思惟「我明天修、我後天修」，因生死已定，且死無定期啊！而且所謂的「修行」，就是要讓自己快樂的意思。在追求各種不同快樂的眾多途徑裡，若能清淨專注修法，就會讓我們成就究竟的快樂。

因此首先要學習「究竟快樂」與「清淨修行」之間的關聯，如果能夠無有疑惑地相信其義，生起定解，則會自然想要修行；此時並思惟，若僅追求短暫的安樂而失去了成辦大義之良機，豈不可惜？就算此世有如神仙般的逸樂，但也僅屬短短的今生啊！所以先須透過學習去觀察了解是否有所謂的「永恆安樂、究竟安樂」，若有其樂，則會自然生起出離意願，求向解脫。

宗喀巴大師在三主要道的時候曾說道：「暇滿難得壽不留，修習能斷今世欲，業果不爽輪迴苦，數思能斷來世欲。」如論所云：必須先要棄捨「來世心」才能生起清淨出離，希求解脫，而來世心還未斷之前又須捨棄現世心才可斷除。所以，為捨現世貪著，此論說明了決定會死、死無定期、死時唯法才能利益，無再有其餘等內涵；所謂「捨棄今世」，並非要求你們不要再活了啊（哈哈）。

眷戀此生的念頭是要放棄的。現世心會損害我們，因為只戀今生，就不會想要鋪出後世的安樂之道，也不能成辦後世的利益成就。為能圓滿後世安樂，應該思惟念死無常，策勵精進；無論自己的身相莊嚴與否，或是富貴貧窮，人生短暫，最終決定死去。

至尊古堂巴〈勸促念死無常文〉曾道：「昔佛與菩薩，事業遍三地，唯名莫有餘，此示無常師；權勢君臣傲，光耀輝煌史，莫察隱似有，然無三界塵。」如論所云，過去許多先賢大師的豐功偉業遍布三界、如日中天，利益過無邊有情眾生，但是，最終還是示現涅槃圓寂，所以我們今天無法見到尊著們的相好莊嚴。同樣的，許多帝王君臣在過去史上都有著轟轟烈烈的歷史，但是仔細想想，那些不過只是一段歷史而已，於三界中已無煙塵。

當我們朝聖那爛陀寺、菩提迦耶聖地的時候，都會回憶起這是龍樹父子及諸尊大師們傳教弘法的地方，曾經有廣大眾生於此聖地獲得利益，但現在只剩下一些廢墟而已，由此示現無常！

雪域西藏的三大寺（色拉寺、哲邦寺、嘎丹寺），以及許多大大小小的寺院等，都是許多成就者及學者們聞思教法的環境，他們不只讓自續上生起道地等證量，也為他人成就如是功德，堅持著教證雙運的法脈，撰寫了一疊又一疊的厚厚註解。但現今這些功德的發源地已經成為了廢墟空牆，這是大家有目共睹的，這個就是無常。同樣的，我們的血肉之軀也具有速速變化的無常性啊！

總之，從今天起至一百年後，在場的每一位都會化為虛無。在更久的將來，可能會在記載中看到於某時某處，我們曾集聚於此地，這說明了相聚的最後，都會化為烏有。倘若死後什麼都沒有的話，那又另當別論，然而死後真的會完全消失麼？

因為我們有「唯明唯觀」的意識，我們的後世得以延續，就像在今天，仍然可以看到許多回憶前世的例子般；雖然我們無法想起前世，但我們都一致具有唯明唯觀的意識，有著同類的身心，也因依賴這個身與心而施設了「我」。既然如此，那只要有一個人能回憶前世，證明過去生的存在，就足以有理由去推理每一位都有前世的可能性。

事業是否能順利，生意是否能興隆，一切的安樂痛苦，都是由眾多的因緣集聚而成，絕非無因而生。我們都親眼見過由同樣的父母親所養育，成長在同樣的環境，可是兩個小孩卻各有不同極端的天性、不同的喜好，甚至在人生觀的喜怒哀樂上，也產生了不同看法的例子，這是為什麼呢？

這些都是受到過去造業的影響，而產生今天的果報。我曾聽說在西藏內部發動革命，或者是在文化大革命的時候，那些沒有福報的人，雖然沒有被陷害，最終還是過著不如意的生活；相反的，那些有福報資糧的人，無論當初是怎樣被剝削，最終他們仍然獲得豐裕農作物的收成，家畜也繁殖興旺。

所謂的「運氣」，絕對不是無因而有、從天而降的，那是有沒有資糧福田的問題。「補特伽羅」[52]只是種依賴這個身與心而被施設的「我」而已，不會因為死去而完全消失，反而會隨著意識、離苦得樂的需求而延續，一直走下去。所以如果自己多多累積福德，就能靠這種福田幫助個人的下一世。後世利益並非來自於今生在銀行裡面的百萬支票，或是身旁的親友眷屬。

無論是上師或是君臣，縱使有再多的弟子、再受民眾愛戴，或是有再多的朋友，死去的時候，終究還是自己一個人孤零零地離去，無法讓這些民眾或是弟子陪我們走。達賴喇嘛最後也是要一個人無奈地離世的啊！同樣的，無論商人或是軍官也都是如此，就連毛澤東也不例外。離開人世間的時候，最親的人是沒有辦法陪我們而去的，也不能組團一起離開，更沒有嚮導帶領我們離開。就像毛澤東走的時候，無論是愛人江青，或是四人幫，縱有再多的共產黨員也幫不了他的下一世，所有的人都是一樣的。

以名垂千古的印度國父，偉大的領袖甘地為例，他秉持非暴力的思想，帶給人們無比的貢獻，可是他走的時候，仍要放棄他平常攜帶的枴杖、拴在腰上的掛錶、圓圓的眼鏡，以及陪伴他走過無數艱辛旅程的涼鞋。現今仍然可以在博物館裡看到這些東西——他沒有辦法帶走的東西！雖然他的穿著簡單樸素，可是他的勇氣卻散發出無比魅力，多年來，不知經歷了多少為國為民的奮鬥。他的豐功偉業、英雄事蹟是如此地偉大，可是到頭來卻也只能孤零零地離開人世。所以我們無論是誰，到了離開人世間的最後一天，能夠拿走的只有資糧而已，到了那個時候，沒有任何事物能幫得了我們。

沒有透過極為強烈的正念所攝，很有可能被「遺忘」的小偷盜走今生所學

52 譯者註：「補特伽羅」乃梵語，謂生命體的異名，包含佛及眾生，與「我」同義。

的一切；依賴著心識而有的特別資糧，或是更細微的心識所保有的善種子及善功德等，這些都會隨著意識的續流傳至後世，能夠幫助我們的下一世。可是臨終的那一天，親朋好友能夠幫助我們的來世嗎？不僅親友不能幫這個忙，就連每天跟我們在一起的身體也幫不了我們，因為意識從這個身體出竅後，這個身軀只是一個沒有生命的廢殼而已。

古堂巴的〈勸促念死無常文〉道：「無道由地主，遠道由糧藥，迷道由領導，三門勤法道。」謂臨終死亡的時候，能夠真正幫助我們的，只有法上的精進而已。

我們在很緊急的狀況下遠離了自己的家鄉，流亡到他人的國土，現在生活還算可以；在未死之前，無論發生了什麼問題，多多少少都可以依賴著自己的親朋好友幫幫忙，勉強度過難關。

然而彼一時，此一時，當捨棄人世間，將要前往後世的時候，如果沒有修法的十足信心，很難保證後世的美滿。又加上無常的來臨是如此地突然，無能有定期，而且死時唯有資糧才能帶來幫助，考慮到上述的種種理由，應該趁我們現在還有能力的時候，好好策勵自心，以法修行，為後世鋪上一條安樂的大道。

「捨現世心」並非勸導我們放棄衣食的念想，什麼事都不要做，或是不用為了國家、為了社會大眾帶來建設與貢獻。很現實地說吧，現在我們還沒有解脫，沒有能力靠禪定維持自己的血肉之驅。先不談一般的信眾，就連出家人本身不靠糧食而生存者也是少之又少，除非他懂得「取髓法」[53]。所以，建設發展仍須進行。

只有衣食念想、僅有建設發展也是不對的。按照我們每天所用的時間，以百分比來規畫的話，百分之七十的時間應該拿來作後世的準備，百分之二十的時間撥為今生的事業。如果這樣還是覺得很困難的話，為了將來的永恆快樂，至少要有百分之五十的時間思惟後世利益。不曾為後世著想，只求今生的利益，只會產生更多的憂慮及煩惱。無論自己或是他人，遲早都會死去，身心永

[53] 譯者註：「取髓法」謂吸取四大精髓而延壽之修法。

離。死時唯有善法才能獲得利益，只有令心轉善的少許修行能夠帶來希望。

即使全世界的人都對我們很好，都是我們的親戚好友，但到了臨終的那天還不是都得捨棄？

像似財寶天王的億萬富翁，不管有多少的工廠、再多的辦公大樓，死時還不是都得捨棄？

就連從母胎起至現在中，我們時時刻刻用盡辦法想去保護的這個血肉之驅，死時還不是一樣得捨棄？誰又能知道死神何時降臨？「死無定期」是說，如果可以百分之一百確定死神將於某時某分來臨，說不定可以在這之前做些準備，可是我們沒有方法知道啊！今天是藏歷年十號，我們大家聚集於此，有人可能今晚就會死去，也有可能明天一早死去，沒有辦法保證今天在場的每一位明天都能再來。

就以我個人而言，我現在的身體狀況都很健康，沒有什麼問題，所以可以預料「死期未到」，但是我仍然沒有辦法百分之一百的確定今天晚上不會死去啊。其實，每一個人都是如此。

我們常會因由「明天我絕對不會死」的想法，在無意間浪費了許多行善的機會，這些後果都是缺少「死無定期」的概念所造成。浪費了一天的時間已經很可惜了，更何況隨著這種懈怠的想法浪費了更多的時間呢？一月又一月、一年又一年，難道我們這一生就要這樣沒有意義地度過麼？

有道：「未知此生何時了，無悔今夜盡殘生。」努力珍惜每刻寶貴時間，精進專注，縱使今夜是此生的最後一夜，也是無怨無悔。當然如果今夜並非最後一夜，那也沒有任何損失，反而有更多機會去做有意義的事情，不是嗎？

業將今後世聯結的事實可由理由推知。第七世達賴喇嘛格桑嘉措於〈世間自在讚〉云：「後世意謂遠離已習今世物，似如墮入極暗深井獨自遊。」我們剛從西藏逃難，來到米薩麻日的時候，雖然曾經擔心過飲食居住的不足，但是最後還是得到來自各方的贊助，讓我們解決了生活上的基本問題，這是因為我們現在還活在人世間裡，無論再怎樣的困難，都會有人幫忙的。可是，離開人世間後的情況可就完全不一樣了，不只以前熟悉的環境會完全改變，而且會到一個完全沒有人幫忙的地方，叫天天不應，叫地地不靈。

世尊在經典裡也說道：「於汝我示道，定奪皆由汝。」如佛所說，要不要繼續走上這條解脫安樂的大道，是由我們來定奪。我曾收到一些老公公、老婆婆的祈求，希望讓他們臨終後不要墮落到三惡道去，我時常聽到這一類的要求。

我仰慕大乘的修行，在菩提心的這個課題上盡量努力，因此也常迴向自己三門的所有善業能夠利益一切有情。我沒有神通，所以平常只能為整體大眾做迴向而已，如果你們沒有特別注明要為誰而迴向的話，我是不會知道的。可是，畢竟私人的力量有限，主要還是個人的努力修行，這是不可缺少的學佛精神。請求他人迴向，讓自己遠離三惡道、遠離輪迴的痛苦是不可能的；要了解遠離三惡道、遠離輪迴的涅槃寂靜，甚至遠離有寂二邊的無住涅槃，一切遍知等果位，都是由自己的精進而成辦的。

等到後世墮落惡趣，再來請上師祈求，或是三寶菩薩、眾天護法加持於己，也都已經太遲，哪怕平常祈請也是很困難的。所以，趁未臨終前好好修行吧，光是追求今生的名聞利養，是沒有什麼意義的！

「常伴親友還離別」，這一生活得辛辛苦苦，就是為了賺那麼一點錢；為了家中的恩恩怨怨、為了你死我活拚搏，到頭來還不是什麼都沒有。正如經中所云：「勤後無餘剩。」

「客房」只是旅客暫住的地方。我們要把這個身體當成是一間客房，意識的客房、有一天將會永遠離去的客房。如同經典又說：「識客且遺身捨去。」謂過分執著今生恩怨實屬無義。所以此論云：「捨現世心佛子行。」謂捨棄今生的貪著，乃佛子菩薩的行為。

遠惡友

遠惡友之理。

本文云：「伴彼若使三毒長，並壞聞思修作業，能轉慈悲令喪失，遠惡友是佛子行。」謂重視後世安樂，追求永恆利益的時候，如果有法上的善師善友，將會帶來極大的幫助。

修行的時候，為了讓自己不要喪失法要，所以要隨時秉持著修行的意樂，因此，平常跟我們一起修行的助伴確實非常重要。尤其是在初學的時候，如果遇到了一位誤導的老師，或是一位天天勾引我們走入歧途的朋友，就會很容易隨著周遭惡師友的影響，改變了起初善良的想法。

雖然起初不一定能夠完全接受行善的理念，可是藉由善友的影響，讓自己不知不覺去接受善法並不是不可能的，因此此論說明，與我們一同走上人生的善友是非常重要的。

請問我們要遠離的惡友定義是什麼呢？若與誰同行，能自然增長三毒煩惱，以及能令利益後世安樂的聞思修、大乘基礎的菩提心、悲憫視眾生的大悲心、清涼的善心等逐漸衰退的話，這就表示此人就是行善的惡友。遠離的方法不是叫我們去斜眼瞪視，或是遠遠離開而已，而是從內心底不要與此人太過接近並相信此人。

依善知識

依善知識之理。

本文云：「依彼若令惡漸盡，功德猶如初月增，則較自身尤愛重，依善知識佛子行。」此與上述惡友的內容剛好相反。謂若與誰同行，則能調伏惡劣心性轉為善心，並使自己的功德如同上弦月般地增長。自己原有的習性可能很粗暴，但受到某人的影響後，變得更加地溫順，更能善解人意。所以，具相良師的善導會讓我們獲得很大的利益。

噶當派的格西博多瓦曾說：「為求解脫，無有餘事能勝依師。如現世行，無師則墮惡趣，此故，若無師矣，如何臻至其未趣之涅槃？」如師教誨，不能不修持善心，遠離惡念，可是在這個取捨的過程中須先了解如何取捨，因此需要依賴一位有經驗的師長才行。

那這位有經驗的師長要具備什麼條件呢？隨著個人的所需不同，《戒經》裡說明戒師的條件、經藏裡說明經師的條件、密續裡說明金剛上師的條件等。

如同一位罹患疾苦的病人，需要由專業的醫生來治療一般，同樣的，罹患三毒煩惱的病人，為了遠離煩惱病苦，也是需要依止有條件的善知識。當然，必須具備上述條件、有經驗的善知識才能饒益徒眾，由他們來開導我們未曾走過的路，以他們個人的經驗幫助我們解決修行上的種種困難。

佛法的修行，絕對不是只靠「觀功念恩」的淨信就能滿足，如果修行光靠淨信就能滿足，那麼在《戒經》、經藏、密續等中，就用不著廣泛闡述善知識的定義。具備條件的善知識，是弟子們的身心寄託；能夠成為某弟子的善知識，就一定要具備師長的定義。

法尊薩班云：「為謀小圖利，購馬或寶石。」如論所說，一般我們去購物的時候，連買個小東西都會觀察得非常仔細，在決定生生世世之安樂依靠時，豈不是要更加地謹慎？因此，反覆觀察善知識的行為，確定是否具備如是條件，值得我來信賴，這是非常重要的！

在我們西藏的風俗習慣裡，有上師及轉世朱古（也就是一般人稱呼的仁波切）的兩種名稱。我平常解釋，在這兩種人裡面有著四邊的關係：第一邊僅屬上師而非轉世，就是沒有經過認證為某仁波切的轉世，後由努力修行，獲得果位的成就者。雖然在西藏的社會裡沒有掛著轉世的頭銜，但確實是一位具備條件的善知識，圓滿經藏所說的師長定義。

第二邊僅屬轉世，而非上師：被認證為某位大格西的轉世，或是掛著某某位上師轉世的頭銜，擁有著很大的僧房，可是內心缺乏調伏，而且沒有「通、律、善」等三種功德者。這種人在佛教圈內有個很響亮的頭銜，可是卻不具善知識的條件，無論再怎樣的聰明能幹，仍不具有經藏所說的定義，名聲雖大，卻不足以成為真正的上師、真正的善知識。

第三邊，兩者皆是：精進修行聞思修，帶來眾生利益的轉世仁波切，既是轉世也是上師。

「抉擇善知識」是一個非常重要的學問。不只世尊說到善知識的重要性外，宗喀巴大師也在《菩提道次第廣論》中說道：「能令學者相續之中，下至發起一德、損減一過，一切善樂之本源者，厥為善知識，故於最初依師軌理極為緊要。」

經藏內有詳細說明善知識的定義，自己應該先了解，再去觀察；沒有依止善知識前，對於此人的觀察實屬重要，不可忽略。然而，既依止已，則要如法依止，視師如佛。視師如佛之理，謂視師功德與佛平等，然師恩德深重於佛，所以實際上，善知識的確比佛還要殊勝。

透過上述所說的道理，思惟上師的功德恩惠，發起無比的信心，再藉由自己對師的信敬二法，精進修行；如是依法行持的供養，就是身為弟子讓師長們感動的最大安慰。其實「依教奉行」就是一位真正具備條件的上師最歡喜的供養，並非財物上的供養。

密勒日巴歷經苦行後，入座灌頂席時，馬爾巴大師在傳授灌頂間曾道：「沒有絲毫供物的多年苦行者聞喜（密勒日巴），以及連拐腳的山羊都供養給我的俄巴上師，我今賜予你們兩位同樣的灌頂、同樣的加持，沒有任何親疏之別。」這公案顯示了具相上師的例子。

宗喀巴大師在《菩提道次第廣論》中說道：「此復若就學者方面，以是最勝集資糧故，實應如是。就師方面，則必須一，不顧利養。霞惹瓦云：『愛樂修行，於財供養，全無顧著，說為尊重。』與此相違，非是修行解脫之師。」同樣的，《華嚴經》也以九種心簡略說明親近承事諸善知識之理。九種心謂：孝子心、金剛心、大地心、輪圍山心、世間僕使心、除穢人心、乘心、犬心、船心等九種。

何謂孝子心呢？如論所云：「棄自自在，捨於尊重令自在者如孝子心，謂如孝子自於所作，不自在轉，觀父容顏，隨父自在，依教而行，如是亦應觀善知識容顏而行。」又道：「此亦是說於其德前乃可施行，任於誰前不能隨便授其鼻肉。」此故，帝洛巴大師在大經及略經中，曾對那洛巴大師如是教誡：「須近承事具相師長，然不能隨便，否則難離險處！」此後，那洛巴大師也沒有絲毫疑惑地依止。

若是師徒兩者都已具相成就，就能藉由極小因緣，容易速成圓滿功德，當然，以我們現在的能力，想去獲得如同先賢祖師們的成就，實屬相當不易。就像拿洛巴班智達被要求跳下一般，如果現在上師要求我們從菩提迦耶的高塔跳下，會有人跳麼？大家一定都會這麼想：「跳下的話，絕對會死吧！」

我們初學者在修行的時候，最好能夠在可行的範圍內努力，不要抱著一步登天的心態，希求祖師們的成就，自己卻不努力。如果自己不想付出，只想快速獲得成就的話，那自己的修行只能成為「觀想」。光靠想像的佛果並非是佛，想像的壇城、想像的本尊，也非真實成就；因果絲毫不爽，想像的因只能生出想像的果，如是，又何能成就證一切德、斷一切過的佛位呢？

根據自己的能力而修行是相當重要的。如同噶當派的格西們說：「遭旱時，諸眾依食聚。」如上所述，我們的所有成就都是奠定在戒律的嚴謹上，有了嚴謹的戒律，加上大乘經教所說的修行，配合著密學的口訣，就像是高高在上的寶塔，是由堅固的地基，深塹高壘，這樣的修行才可稱為外嚴內淨，令人欽佩，否則就會像沒有基礎的高牆，容易倒下。

藏傳佛法的修行方式的確非常殊勝，因為它以戒律為根本，次發起大乘經藏所說的慈心、悲心、菩提心，以及六度萬行的佛子行、圓滿密法的四續等，能使自己在同一個座席上圓滿修習整個大小乘顯密的教法。現在，唯有藏傳佛法才有如此殊勝的修法。

斯里蘭卡、緬甸和泰國等地雖是佛教國家，可是他們主要的修持在戒律上，並沒有大乘經教裡面所說的菩提心、六度般羅密多、深奧空性等廣述，而且也沒有密乘的修法。

至於日本、韓國或越南等地，雖然有些地方也有大乘，還有密法的修學，可是以日本的密學而言，好像只有事部、行部的大日如來、瑜伽部的金剛界大日如來而已，這些只是屬於壇城的中級層次。我雖然不知道這裡面是否有更細微的「見續」，及瑜伽部的四手印等修法，但總而言之，瑜伽部的修持看似存在，但很可惜的是沒有無上瑜伽的密法。

而且，當他們解釋大乘菩提心、深奧空正見的時候，幾乎都偏向於唯識派，或是隨瑜伽行自續派的解釋；至於中觀應成派的見解，則並不是那麼地普及，所以就佛學的思想而言，由於未能聞思內部四派的宗義，就已方便品而言，律行幾乎不在，雖然看似聞修大乘菩提心，卻難圓滿。

直到今天仍有一些地方持戒而不信密，或是信密而不持戒。當我們不懂修法關鍵時，會容易產生誤會。西藏早期曾經有過戒師毀謗密師、密師詆毀戒師的案例，所以種敦巴大師曾說道：「顯密兩者視同冷熱，互不相容，實屬極大謬處。」

為能獲得真正的黃金，鍛金師會以煉、截、磨等三種方式觀察；同樣的，往昔西藏的祖師們透過了長久的觀察，以及個人修成後的經驗，將大小乘顯密的完整教法保留下來，使弟子們能夠在同一個座席上觀修菩提心，觀修密續的教義。

總之，能認識佛法的整體架構、道之次第，就應好好珍惜這個寶貴的機會；這個時候，就要依止具相的善知識。所以此論說，親近承事比自身更為重要的上師，這就是佛子行。

闡述重點

《遊戲經》云：「三界無常似秋雲，諸情生死似歌戲，有情壽長似閃電，又如高峯瀑疾流。」如經所云，謂一切因緣所生的有為法，都已在每個剎那的流逝中轉變了，都是會變的性質、動搖的本質；只要是因緣法，就不能在本質毫無改變的情況下永恆存在，更何況是我們的壽命呢？終有一天我們要面臨死亡啊！

欸！死緣內外皆是，沒有人會想到有天亦將如同閃電般地突然死去，可是這種殘酷的事實卻存在著。那最終呢？死後只會留下今生空殘的虛名，然而我們的意識卻會隨著業風飄去……

從地球形成後，不只經歷了好幾千年的歷史，而且在有歷史記錄之前，早已有了人類的形成。經歷了如此長久的時間，有哪一位曾經從死魔的手掌逃去？無論是富人、窮人，或是能幹的人、聰明的人，最終都得死去，因為這些人都會逐漸地老化，體質則是每況愈下。

之前曾因為眼睛明亮而感到自傲，但只不過是稍近晚年，就必須戴眼鏡才能看得清楚，甚至到最後即使戴了眼鏡也看得模模糊糊；同樣的，起初我們耳朵的聽力很好，可是後來逐漸成為了重聽者。總之，老了就不能再擁有年少的俊美相貌、健壯的身體，反倒是多了些皺紋，少了些牙齒，討厭面對鏡子中的自己。

人往往為了「老人」這兩個字而感到厭倦。例如有時候想著「去死好了」，但忽而又想「還是不要死好了」，無奈地望著自己的手指，不知如何選擇而喃喃自語。原本從自身所生的小小嬰兒，現在已經長得比自己還要高大，並且命令我們去東則東、去西則西，而老人只能任憑孩子們的擺布。

有時，老人會抱怨，想著「我以前年經的時候」，或說：「以前我隨便講一句話，有誰敢反抗，無不是當佛般地恭敬我，唉！可是現在呢？」認為人老了，會容易受他人的欺負，成為別人的出氣筒。

相好莊嚴的身體隨著無常的殘酷現實，無奈地在每一分、每一秒、每一剎那間轉變、衰退、不再堅固，也無法恆常持續。原先百看不厭的面孔，後來成了自己噁心的對象；少年時代的恩恩怨怨、熱血沸騰的青年志向，在老年的時候心灰意冷、空有抱負，到頭來只能聽到自己的喃喃怨言，度過晚年。

此時已無心從事新計畫或是從事工作，周遭的友伴也將逐漸離己而去，想要分享心事，卻無人能知心聲。這種無常的殘忍酷刑，都是大家有目共睹，能夠親身體驗的。

剛進小學讀書的時候，成績不好則憂、成績好則傲，雖然在識字、學問上有進步，但多伴隨競爭、嫉妒的心態；成長期間我們有著美麗光滑的膚色且容光煥發，而且有過許多難以忘懷的記憶；畢業之後，找一份自己想要的工作、選擇喜歡的伴侶，男女交往、結婚，共組家庭生育兒女，而正式開始了所謂的「人生」。

但有了家庭，扛起了家庭責任的重擔之後，再也無法像童年般的無憂無慮和快樂，也因為有了家庭責任，無法隨心所欲地來來去去。不只如此，在工作環境的壓力下，以及汲汲營營於薪水的高低，造成了對上容易嫉妒、平等者生起比較和藐視低於自己的人。

當缺錢的時候，會覺得只要有一份工作，能讓自己餬口生活，也就心滿意足。但等到找到了工作，就會想要更好的職業，以及更好的就業條件、生活品質等等。又因為有更多的要求，支出也會提高，生活的壓力就越大，這豈不是自找麻煩的後果麼？

有了很好的待遇之後，仍然覺得不夠；不只要有錢，還想要有名氣，久而久之，原有的名氣也不夠了，還要有更響亮的名聲。於是想盡辦法拉下那些比自己有名氣的人，成為了「忌瞋傲藐」、名聞利養的奴隸。可是這樣的人生有意義嗎？整天內心想著如何去拉下別人，站在他人的頭上，又不懂得滿足，這樣的話，心又能夠快樂到哪裡去？

從小在西藏三大寺受過教育的出家人們，從很小的時候就要背誦佛經。當然，每人的學習動機都不一致，例如有一些人在學習的時候，會把它當成一般的知識去學習，有的則當成辯論工具去學習，或是為了拿到第一名而學習，也有一些人是為了解脫而學習等等，在眾多的學習心態中，最後一種才是最正確的。

同樣的，如果在考取格魯派格西的時候，貪執於格西拉朗巴這個虛名，考上後想盡辦法成為大寺的主持，如果只有小格西頭銜，則會想要成為小寺的主持，抱著這樣的心態要去修行清淨的佛法，簡直是緣木求魚。

如果自心相應佛法，與俗世的無間瑣事一刀兩斷，那又另當別論，否則內心充滿著世間八法的妄念，身體披覆著袈裟，掛著格西的頭銜，還收了不少的弟子，並且蓋莊嚴的僧房，這就很容易讓信眾們誤以為真，覺得這是一位來歷非凡的上師，並請法卜卦。

當供養金越多的時候，接收供養的「手」也就越多了。光靠自己的兩隻手是不夠的，所以又加個侍者在旁，成為了四隻手，這樣不夠的話還又再加兩隻手，成為了六隻……

你們要知道，如果內心沒有調伏，還用佛法來做買賣，這簡直是荒謬的欺騙。這一點非常重要，你們要記清楚！

我是一位修行佛法的人，有時候我會因為自己是修行者而感到安慰，可是有時候我也會隨著世間的八風所轉。我知道想徹底遠離世間的八法，的確是件很難的事情，不過身為修行者的我們，不應刻意歡喜地去吹動這八風啊！當然，如果是位不想修行的人，或者沒有信仰的話，他有沒有隨這世間八風所轉，我沒有資格去了解，也不會針對這些人去勸說。

古堂仁波切云：「不念修法二十載，想修想修二十載，不能不能二十載，虛度此壽空過哀。」如上所云，我們不小心的話，真的會有這種危險啊！以我個人而言，我就是一個很典型的例子了。我在二十多歲的時候，只知道空性及菩提心的大概涵義，而且有在研習佛經。

之後雖然想要進一步地去了解，可是隨著共產黨的糾紛，使我陷入各種複雜的瑣事，所以只好一邊解決問題，一邊閱讀佛經，如是過了二十五年。後來，離開自己的家鄉，來到他人的國土，也看了不少的經典，在佛法的修行上也有了少許的努力，如是又過了三十年。

這時候，我的思想比較成熟了，認為如果內心不相應於法，只是念誦著經文而已，豈不是「假法」嗎？所以，當時決定要好好地「改革」自己的內心，使內心獲得調伏。雖然如此，不過我現在正接近「不能不能二十年」[54]所說的年紀；回頭看，我這一生像似飛黃騰達，並不是很差勁，可是最主要的還是要自己觀察自心，因為自己是騙不了自己的。

〈修心七義〉中說：「二証取其主。」謂不要做出讓自己反悔，讓自己怨恨自己的事情。平常沒有謹慎行事的話，隨著一天又一天、一月又一月，在不知不覺當中會使我們容易做出遺憾終生的事情。

真的很希望讓此生的流逝暫時停止，可是時間不會因為我們而停留，也就因為如此，更要抓緊時間修行善法。至尊古堂巴〈勸促念死無常文〉中道：「修法謂至明晨起，死神今臻極險矣，我今莫再自行欺，若需修法由今起。」

如果我這樣想著：「我現在三十歲，到了五、六十歲再好好修行吧，不用急於一時。因為有達賴喇嘛這個稱號，所以現在的我要把主要的目標擺在人民及國家上，做出一番偉大的事業。」這種想法叫做「自欺自己」。一個小時也好，或是一天沒有修行，這都叫作沒修，沒有什麼好「不能」的。就因為我們不可能在同時間內成辦所有八萬四千法門的功德，所以這種種功德，都要靠長時間的點點滴滴去慢慢累積。

龍樹父子、無著兄弟、八十神通師等大成就者，都是跟我們凡夫一樣，沒有能力在修法的第一天內，瞬間圓滿所有成就，而是一天又一天地慢慢修習，從簡單的作息開始，直到熟悉為止。當心力較為提升的時候，就再發起更強的心力去修行佛法，成就功德。

寂天菩薩在《入行論》中說道：「蚊蠅虻蚋及蜂蟻，乃至任何蟲豸類，若依之生精進力，亦得無上大菩提。」如論所云，就連蟲豸等類都有成佛之種性，我們又何必心灰意冷？只要自己努力精進，沒有任何人、天不能成佛啊。我們在讀《般若經》的時候，如果能夠領悟經中所謂的「自性住佛性」[55]，自然就會相信成就佛果是絕對可能的。

要不要去好好運用這種成佛的種性，實屬個人的決定，可是一但我們恆常精進走向佛道，逐漸調伏自己的內心，雖然沒有辦法馬上讓自己的身語意皆成善業，但長時間內心的改變，一定可以讓我們每日消除業障，保留已積善德。只要不去浪費絲毫片刻，絕對能夠累積極大福田，獲得悉地成就。

54 譯者註：心有餘而力不足的「不能」。像是過了四十歲，還想做十萬遍大禮拜就有點「不能」的感覺。

55 譯者註：「自性住佛性」謂如來藏、成佛之種性，也就是說，佛性本住自心之究竟性——自心的空性。

內心力量增長的同時，修行就能如魚得水，如旭日東升。所以，修行不是明、後天的事情，而是決定修行的當下。就如每個人都想美饜一餐，可是肚子飢餓的時候，管它好不好吃，先吃一頓再說，不是嗎？既然已經決定修行，除此無有餘路，那又何必拖延修行的時間，讓散亂心作祟。雖然在修法的第一天時，無法完全吸收法義，可是慢慢穩穩地走上，絕對能夠受用所有法果。有道是「滴水成河」，也就是這個意思啊！

所要修行的法就是佛陀宣揚的教義，此中有大小二乘，大乘中亦有經乘及咒乘兩者；藏傳佛法是經咒圓滿的法脈，若欲修行此義則須先知其義，了達其義之前又須先聞，所以，在此傳授鄔瞿無著賢佛子所著的《佛子行三十七頌》之教授；在還未接受這個傳承教授之前，弟子們必須擇治自己的修法意樂。

應如是思惟：「為使一切如母有情離苦及苦因，我今要成就圓滿正覺的果位；於此，我一定要堅行成佛之必要途徑——佛子行；如今，我要發起無上菩提心，學習所有菩薩行，成就一切德處。」引發聽法的正確動機。

從某人聽聞佛法，不一定要把他視為善知識而作依止，可以先把此人當為

「法上的學長」，於他座前聽聞佛法，請求教義。依止善知識固然重要，可是反悔依止的話，所造的業障也非常嚴重；因此先要好好觀察此師是否表裡合一，是否有資格成為善知識後，再來依止。

一般的教育，老師不只要懂得教書，還要有良好的品行、善巧的教書方法，以及愛護學生的美德等，才有資格成為學生的榜樣；既如此，引導我們走入生生世世，永恆安樂的善知識，更是需要眾多的殊勝美德，如精通法要、正確開導、善良習性等。

慈尊菩薩在《莊嚴論》曰：「知識調伏靜近靜，德增具勤教富饒，善達實性具巧說，悲體離厭應依止。」如論所云，此中闡述善知識的十相功德。

上師會引導我們走向暫時及究竟的利益，能夠讓弟子們獲得長久的安樂，所以師徒兩者的親密關係非常重要，因為親近的關係能夠對師長的信心增長、聽從師長的教授、看到師長的功德、視師如佛，承事師長。

善知識對弟子的傳法內容是否適合，尤其為弟子們灌頂或是傳密的部分是否適合，都是要經過嚴謹的觀察來做決定；同樣的，弟子們在依止某位上師、住持或是轉世仁波切時，不要看名氣的大小，而必須長期檢視對方的行為，是否具足經典所說的條件。

再有名氣的上師、善知識、主持，或是好幾世的轉世仁波切，或是掛著達賴喇嘛的頭銜，都不需要去在意，因為現在不是看誰有沒有名氣、誰的位置最大，而是尋找真正引導解脫師長的時候。

所謂的「解脫」是指完全不受約束的境界，完全地自在。因此在壓力所迫的情況下，走上這條解脫之道，實屬大謬。正確修法的意願一定要來自個人，透過對修法的殊勝，不修法過患的認知而產生，這並非是祖先留給我們的文化，或是藉由「闇中射箭」的迷信力量奠定幾千年來的佛法歷史。「佛法」並非是一種命令，也非憑空揑造的理論，就因為佛法的教理符合實際，所以經歷了上千年的風雨災難，仍然散發出美麗的光芒。修習佛法，不只能夠讓我們的言行舉止、內心思想成熟以外，也能使我們今世的生活更有意義。

縱上所言，未依止善知識前小心謹慎、好好觀察；凡是依止之後，就要保持對上師不變的信心。接下來講皈依。

皈依三寶

皈依三寶之理：

本文云：「自身仍陷生死獄，世間神等誰能救，故於依止不虛者，皈依三寶佛子行。」謂歸依三寶是佛子菩薩的行為之一。

不可皈依的對象，謂自身亦沉陷輪迴苦海，隨煩惱與業力而轉者，如厲鬼、妖精、地神、幽靈等，因為這些幽魂可能會傷害某者，來滿足求者的願望，所以不值得成為我們皈依的對象。說不定對我們有暫時的幫助，但絕對只是少許的利益。

很多幽靈都是人死後轉成了妖魅，在陰界中互相爭權奪利，比誰的權勢大小，所以有時候我們可以聽到某某的鬼「王」，或是某某的「大力」厲鬼等名詞。我們千萬不能供養祭祀這些幽靈，尤其有些地方會以血腥祭祀，更是荒謬。還有一些降身的妖魅（乩童），會預言說「何時下雨，何時不會降雨」，這種也算是妖精的一種。

隨著煩惱與業力所轉的這些幽靈，只是沒有形色的血肉之軀而已，實際上仍然是煩惱的奴隸，如同經典所說的「世間天人誰能救」，都不是正確的皈依境。為什麼呢？因為皈依意味著「請求於您」的內容，如果有求於無能為力的人，那豈不是天大的笑話？因此先要觀察何者有能力使我們獲得解脫，如何獲得，才能安心地皈依啊。

皈依是為了從煩惱及業力當中獲得拔救，因而皈依、投靠、深信其救拔的力量。既然世間幽靈沒有如此能力，就不值得我們去皈依。能值得我們皈依的對象是誰呢？透過長久的仔細觀察與學習，從心深信佛寶、法寶、僧寶等三寶具足如此功德而行皈依，這就是佛子菩薩的行為。

是否屬於佛教徒是由內心有否皈依而定的。皈依的層次雖有多種，但最基本的就是皈依佛、皈依法、皈依僧。真正的皈依，謂從內心決定唯有三寶才屬無謬依處，深信此義，乃佛教徒。所以，皈依這門的學問實在是非常地重要。

佛教徒的皈依境為三寶，那何謂佛寶呢？首先我們解釋佛的詞義（「佛」乃梵音，藏譯為淨增）。淨者，謂淨除一切過失，有遠離、淨除之意；增者，謂增長一切功德，令功德圓滿，覺知所有法相，無有障礙。所要淨除的過失並非外在，而是內在的煩惱，因為內心沒有調伏的緣故，產生了煩惱，煩惱帶來了身語意的動作（業），由別業形成了共業，次因共業的力量成為了情器兩種世間。

何謂「煩惱」？謂某種心態產生的時候，無法使內心獲得寧靜，似欲似瞋，難以安穩，並且帶來內在的苦惱，故稱「煩惱」。

煩惱的作用：使內心不能調伏、不得安寧、不能自在。當自己不能掌控自心的時候，便很難避免惡業的造作，隨著惡業的行為，將來必定感得憂惱的苦果。

煩惱的根本：謂真實執著，又稱無明我執。

情器世間的所有過失都是內心未調伏的後果。除了共業所現外，自己個人的別業所現痛苦，唯有自心獲得調伏的那一天起才能消除，所謂斷除一切過失，就是斷除自己內心的所有貪嗔癡等煩惱和煩惱的根源，以及比此根本更加細微的障礙——障礙了解所有事法的任運能力，所以內心所有過患斷滅的同時，才是唯明唯觀的心識覺悟諸法的時刻、增上自心為極致的時刻。

因此，淨除一切過失，增長一切功德圓滿，悟諸法性，故稱為「佛」。那麼，成佛是有可能的嗎？佛教徒認為佛果並非常法，也非一剛始就已經功德圓滿，同樣的，佛教徒也認為，凡夫不可能永不改變，一直都是世俗凡夫。

聖地菩提迦耶樹下示現成佛的導師釋迦牟尼，我等凡夫眾生皈依的導師，起初也是凡夫眾生，不過後來逐漸斷除每一過失，獲證每一德相而圓滿果位，其實這種「斷一切過失，證一切功德」的果位，唯有從自心上才能建立。

「識」的範圍層面非常地廣大，它有著許多不同種類支分，就像你們現在用眼睛來看我，用耳朵來聽我的說話；眼睛看到的部分屬於「形」與「色」，耳朵聽到的部分屬於「聲音」。因此「眼識」有看到形色的作用，「耳識」有聽到聲音的作用，「鼻識」有能嗅味的作用，「舌識」有識別味道的作用，「身識」有觸覺的作用等，我們把這五種「識」歸類於「根識」。

在現在的教科書裡面，說到先由眼睛看到物體，次經腦部獲此訊息而產生感覺，無論如何眼識除了看到形色以外，它無法聽到聲音，耳識除了聽到聲音以外，它也無法看到形色，所以每一個「識」都有它不同的作用。

奇妙的是，當我們的根識看到了、聽到了、知道了，我們就會說「我看到了」、「我聽到了」、「我知道了」，而產生了「我」。

佛家認為，雖然可以藉由許多不同種「識」的作用，安立取有這個「我」的存在，可是在眾多的「識」中，最主要能安立我的施設處還是「意識」。因為意識隨時都有，無所不在。「意識」的存在，不只限定在醒來的時候、睡眠的時候，甚至於在沉睡的時候、昏迷的時候也都有著意識的續流，連臨終死亡的時候也有最細微的意識出現。

最細微的意識未曾與煩惱同在過，「煩惱」是一種現起原始細微意識之前的粗識性質，不可能與最細微的意識同時存在。由此可見，貪瞋等煩惱現象，絕對是在平常的意識狀態下，而不是在最細微的意識現起的時候。總之，如同上述所說，意識的學問的確非常地深奧博大。

如果在意識等本質上原本就有貪瞋等煩惱，那不就等於只要有意識就有貪瞋了嗎？透過實際的經驗，我們能夠了解，雖然某人平常很會生氣，可是這不代表他每時每刻都在生氣。換句話說，如果有人認為「有心必有煩惱」，或是「煩惱是心的自然現象」，那豈不是說沒有貪瞋的那個時刻，就等於沒有了那人的意識了麼？

即使這個人平常很會生氣，可是他也可能有變得溫柔的一天啊！這一點已經很明顯地表示，縱使是再強烈的瞋心，也並非融入於意識的自性。假設瞋恚、我慢、嫉妒等煩惱融入自心的本性，那佛家所謂「調伏自心」，就不可能發生。隨著個人的因緣不同，絕對有讓自心遠離煩惱的方法，只是這種方法，確實很深很難。

瞋心的定義，謂不喜歡某人而產生的怨恨或排斥。瞋心之相，所現皆屬厭離。瞋心所執，希望遠離對象並排斥、瞋恚，故名瞋心。這種粗猛心的作用就是排斥對方，然而慈愛的作用，剛好就是愛護對方，因此瞋慈二心屬正相違，也就是說，心中有瞋，則無有慈，若心生慈，則無有瞋，這兩者是互相對剋的。

其實，還有另外一個理由可以證明，煩惱並非融入內心的自性，因為每一種負面情緒，都有它的正面對治力（剋星），這就表示內心可以遠離煩惱。而且，貪瞋的根本起源來自於煩惱無明，而真實無明所執取的內容也不與實際相符合，使得無明缺乏了正量（認知實際情況）的依靠，因此，縱然無明的力量再怎樣地強大，仍然會被認知實際的智慧所破斥。

世間人常說：「只要是真相就能水落石出。」或道：「真相能以時間來證明。」可見真實的東西不怕抹滅，觀察得越仔細，就能夠越清楚。「謊話」似有一鳴驚人的作用，可是透過仔細觀查，自然就會越變越矛盾，越來越模糊。

為何佛家說無明乃錯謬執？因為實際上諸法無有真實自性，可是無明卻執取為真實存在，所以從諸法的存在法則上去仔細觀察，便會察覺此法的存在怎麼會變得越來越模糊，這就是無明所執不符實際的最好見證。

煩惱的力量雖大，可是缺乏了正量的依靠，它的唯一靠山只是強勢的無明執著而已；而另一方的力量雖小，可是卻有著正量與真諦的後山，所以，這兩種心態是不可能在同時間內一起具足的。因為一者是顛倒真諦的執著，另一者卻是認識真諦的智慧。

只要我們長久習慣正面的情緒，讓它自然化，善心的力量就會強大，不只能夠改變原本自心聽隨煩惱的壞習性，而且自己也能夠慢慢地掌控自心，這就是所謂的「串習成性」。

當正面層次提升的時候，負面的力量就會跟隨著減少，這是一種自然的現象。例如：因為冷熱兩者是正相違，所以在某個地方溫度提高的同時，冷度自然就會降低；又像越光明的地方，黑暗自然就消退一般。所以，內心習慣善法的力量越強，自然就能減少內心的種種過失。

我們也可以從另一個角度來分析，就像心底習慣善法的力量越強，自然就能降低內心的種種過失；同樣的，內心作惡的次數越多，自然也會減少心中的種種功德。譬如信心越強，不信則弱；不信越強，信心則弱。有時我們抱著非常虔誠的心情，想要好好去修學利他的理念，雖然在短短的幾個月內好似信心增長許多，可是往往卻因為缺乏法義的認知、恆常力的不足，信心衰退。這種現象是因為缺乏空性法義的認知所造成的。

悲智雙修之道不只具有以正量為依據的靠山，還加上所依法——意識的「無盡續流」，及德行的「串習增強」力量。因此只要能夠恆續不斷地修習善法，遠離逆緣，絕對能讓自己圓滿一切究竟德相，漸次斷除一切沒有正量為依據的煩惱過失。基於上述所說的理由，解釋斷一切過、證一切德的佛果是存在的，也唯有依此悲智雙修次第的修學才能斷一切過、證一切德，圓滿正覺，故稱為「佛」。

世間所稱之「佛」，以小乘的說法而言，佛唯有在菩提樹下圓滿正覺的時候才屬於「佛」，在這之前只是入菩薩道的凡夫而已；彼並且主張在無餘涅槃的時候，從此截斷所有意識的續流。

以大乘的觀點而言，在印度示現勝應身的釋迦牟尼，於法身無有動搖當中，一併或次第地變化世間及出世間的無邊遊戲化身。釋迦牟尼為了能夠利益無邊有情眾生，在南瞻部洲示現王子相、出家相、六年苦行相、伏魔相等，而絕非示現正覺相後才真正成佛的。

由俱生微細之心性光明，透澈體悟所有萬法之真如性質；於心的究竟性中遠離所有的二相汙垢，令其無能再生，具足如是斷滅德相的意識續流，取名為「智慧法身」。

為能渡化種種根眾，法身在無有動搖當中，能夠無礙變化血肉之軀的色身，或是妙善細微的色身等；因此，直至虛空未盡之前，永恆安住圓滿的報身，以及具足粗分色身——血肉之軀——的化身，就如釋迦尊者，或是示現勝應身的迦葉佛等。「佛寶」乃報身、化身、法身之所稱，也就是說，平常我們念誦「皈依佛」所指的「佛」，即是具足三身功德的佛寶。

「皈依法」，要皈依的是什麼法呢？印度梵文的「達瑪」兩字，乃是「持有」之意，也就是說：持諸有情，令彼等脫離苦果及苦因，進而獲得救護，故稱「持有」。我們的種種苦樂絕非由佛決定，也非由佛所造，唯獨由個人的業力所成。

因此，佛對所有希求離苦得樂的眾生說道：「善因得善果，惡因得惡果。」佛能讓夠我們獲得安樂，這不是因為佛是造物主的緣故，而是因為佛給予了我們正確的方向。「佛」，就如一位慈悲的老師，教導我們行善斷惡的道理。

法寶乃正皈依。倘若自心上多了一分功德，自然就能減少一分過失，當所有的過失及其果的痛苦等都能完全斷滅的時候，才能讓自己獲得真正的救護，因此，唯有法寶才是我們的「正皈依」啊！

法寶可分二：滅道兩者。道諦乃現證空性的現量，存在於諸佛或是即將獲得正覺的聖者們。聖者經由學習道次第的功德，增長內心證量，現證空性，如是能引滅諦功德之證空現量，即屬道諦。

由證空現量對治所有苦因，於法性中淨除所有心垢，或謂於自性清淨當中淨除所有暫時汙垢等，如是滅諦即稱涅槃。滅諦可分斷除某種汙垢的滅諦（如見道解脫道的滅諦），或是遠離二諦異執的汙垢——佛所證之滅諦等。總之，滅功德及證功德兩者都是法寶，也是我們真正要皈依的對象。因為我們的內心裡面生起了這種滅、證功德的話，就能遠離種種的畏懼，所以法寶才是「正皈依」。

在追隨導師的教授，依教奉行的同時，良好模範的指導是不可缺少的。所以把僧寶視為修行路上最好的模範，讓自心上生起法寶。只要具有證空現量的補特伽羅，都是聖者，亦是僧寶。

當罪犯遇到困難時，會去尋找可以投靠或是皈依的對象。同樣地，身為佛教徒，我們的皈依對象或投靠的怙主，也就只有三寶——佛寶、法寶、僧寶而已。我們不只要皈依三寶，還得懂得皈依三寶的理由才是。

雖然我們每一個人都想要離苦得樂，但卻無有自主地遭受到生老病死的壓迫，只要隨著業和煩惱投胎轉世的話，在三界裡的任何一處都得不到真正的安樂。因此，我們要想盡辦法遠離痛苦，其方法就是經典中說的「行善斷惡」。

若要依教奉行，則須仰賴如法引導的導師——佛陀，因為如實依法圓滿引導者，僅屬佛寶；此外，還需要在修法道上的模範——僧寶。此時，深知三寶具有能力足以讓我們遠離痛苦及苦因的信心，以及自己對自身痛苦所感到的畏懼，這兩種信畏的心態才會讓我們想要去投靠三寶、皈依三寶。對於痛苦認知的畏懼，以及三寶能力的信賴，是在皈依時最重要的兩大因素。

透過法寶在自心上的建立，才能讓我們滅除所有苦因，由此才能獲得涅槃的不共殊勝。總之，如何透過三寶的力量讓我們永遠解除苦因，獲得安樂，或是僅於三寶田前誠心祈禱，就能累積資糧、避免障礙等種種內容，都應深入學習並認知，精進發起對三寶的無比信心、皈依三寶。

皈依三寶的意樂也要緣取將來自己能夠成佛、自心生起法寶、自身成為僧寶等，而作皈依。自己在未來時可以形成的三寶，稱為「果皈依」。雖然現在我們皈依由他人功德所生起的三寶，但卻因為如此而能引發「果皈依」三寶的現起，所以稱為「因皈依」。為了能夠從痛苦中獲得脫離，光靠皈依的力量是不夠的，還需要行持皈依的學處——遠離十惡。

何謂遠離十惡呢？

殺生：為消滅敵方，害其性命，此乃瞋心而殺。為食禽肉，欲殺羊、犬、豬等，乃貪心而殺。尤是皈依三寶者，殺生實屬重罪，絕不應犯。一般在佛教法義內，可分葷食及不可葷食兩種；戒學裡只遮止部分葷食，並未全部遮止。

雖然某些大乘經藏曾明釋不可食葷，但寂護論師在《中觀心論》曾道：「此時無害故。」如論所云，並非因由自己而被殺的肉食，也非市場裡指定的肉食，而是像山林野獸死後無主的肉食那樣的「三淨肉」，才是被佛允許的葷食。當然，如果能夠戒葷的話是最好的。

但從另一個角度去思惟時，因由戒葷對身體健康真的產生損害的話，就不一定要堅持吃素。我們要懂得明辨利害關係，來做善巧取捨。總之，做任何決定時都不應隨順貪瞋而行。某些偏僻地區曾有殺羊、雞、牛等祭祀的習俗，如果這種習俗現在仍然持續的話，實在令人難過，我們一定要完全地停止這種不好的習俗。當你們回到自己的家鄉，村落的乩童指示要殺生祭祀的話，你們可以回答說：「我們不想違背您的意思，但是達賴喇嘛逼我們不要殺生。」把責任推卸到我的身上，我會與這些大力鬼對抗。雖然我沒有廣大的神通與證量，但是身為已皈依的佛弟子，我應該說這些話的。

在場的你們如果真有殺生祭祀的習慣，一定要改掉，這是你們參與時輪金剛灌頂後的誓言——不准殺生。由殺生祭祀所犯的殺生，屬癡心而殺。

偷盜：謂不應盜取有價值或是無價值的物品。盜取他人物品雖然不一定會傷害到他人的性命，但是會造成他方的不安及困擾，所以「偷盜」是一種絕對不應有的惡劣行為。有時，我們撿到某件物品的時候，雖然此物並非自己去盜取而有，然而物主若未放棄對於此物的「持有心」就屬造作惡業，因此仍需物歸原主。

從大會的廣播中，有時會聽到某某人在路上撿到了東西，請至服務處領取，這是符合佛法的良好善行。可是，我們卻又常常聽到有關遺失物品的廣播，千萬不要把自己的鼻子都給弄丟了呢！

邪淫：針對邪淫的內容雖有許多種說法，一般是指與他人所屬的異性同行房事，稱為邪淫。這是造成家庭分裂的極大因素，實屬醜劣惡行。無論在先進國家，或是開發中國家，許多社會的不良問題，眾所皆知都是由邪淫所引發的。因此，斷除邪淫的惡行實在非常重要。

語的四種惡業，謂妄語、兩舌、惡口及綺語等四。妄語：謂欺騙他人，說出或暗示與實際不符合的內容，如把看到說成沒看過、聽到說成沒聽過等等。但為了教法長久住世，或是為了救護某人性命等，因為牽涉到更廣大層面的利益，所以此時佛說應以善巧的言語轉移話題。有些人認為會撒謊，就是聰明能幹的表現，這是一種愚蠢的認知，實應捨棄妄語的惡行。

兩舌：謂挑撥離間。花言巧語的挑撥離間使得兩方產生摩擦，這種惡劣行為往往會傷害了和氣與團結，而且對個人也會帶來負面的影響，就像內心深處常有愧疚，心中無法安寧等等。無論實際的狀況是如何，但由離間的心態來煽動兩方的和氣，實在是種很糟糕的行為。

還有一種雖然沒有刻意去製造離間，但是這邊講一種話，那邊又講另一種話，明明在談話中已經出現了問題，仍無慚無愧地誇大其詞，這種的「成就」，是由前生的串習而來。在講話的時候，往往會為了引起聽者注意而誇大內容的真實性，所以要隨時小心兩舌惡業的造作。

阿底峽尊者在《菩提心寶鬘論》中曾道：「處眾時觀語，獨處時觀心。」噶當派的先賢大師們也說：「稍有動脣，卻沉溺惡趣。」真是一句警惕我們的口訣啊！當我在會談的時候，對於用詞是否誇大，或是否有粗惡的言語，會特別地謹慎；同樣的，你們也不要因為耍脣舌的口才而讓自己墮落惡趣，應特別地小心。

惡語：謾罵如無賴、笨蛋、妓女等粗惡之語。因自己生氣的情緒而說出的一切惡言都會傷害到別人、令人難過，所以惡語會帶來極大的罪業。同樣的，在輕視的語氣下所稱呼的「喂」，或是「呸」也都很不好。第十三世達賴喇嘛招喚某人的時候，只會叫出對方的名字，從不會用不禮貌的方法稱呼別人，這是一種良好的模範，值得我們去學習。

綺語：愛說八卦。由貪瞋而繁說八卦，叫做綺語。盡說些增長貪瞋的無聊話題，沒有特別的目的，就是愛說八卦而已，不只讓自己增長貪瞋，也讓談心的朋友增長煩惱，這就是綺語帶來的過失。把該交代的事情交代，不再繁敘，說話才會有力量；做完事情，如果還有空暇的時間，應多持念六字明咒，精進善行。

西元一九五六年，拉薩自治區籌備委員會剛成立的時候，為歡迎中國代表團至此，所以舉辦了一場宴會。當時沒人開口說話，場面一片安靜，於是，一位來自中國代表團的官員向委員會的會計師說道：「那你就講講話吧。」這位會計師平常的話就不多，於是他答道：「你們大家都認識我，我也認識你們大家，既然都已彼此了解，又何須多說？」我覺得他當時回答得很不錯。

有些人明明就沒談些什麼正經事，但卻能滔滔不絕，說個不停，我真的覺得很驚訝，他們有這種綺語的專業，應該可以說是綺語的「格西」吧！總之，浪費時間、增長貪瞋的綺語也要避免。

意的三種惡業：謂貪心、瞋恚、邪見等三。貪心，謂緣念他人的「所屬」想佔為己有的貪著。就像不敢用眼睛正視朋友的漂亮手錶、名貴鋼筆及豪華衣飾，但卻用邪眼而瞄視，內心想著「希望我有他的某物」，這種的想法叫做十惡業裡的「貪心」[56]。

瞋心：欲加害於他人的損惱心。

邪見：謂無有前後世、無有業果、無有三寶的見執；經說這是一種極大罪重的惡業。以上的十種惡業謂「十惡道」。

了解上述十惡業的過失，誠心防護三門，絕不犯此等惡業，謂「十善道」，這也是修行的第一個入門。如此去改變我們的身、語、意三門的行為，精進修行，逐漸生起出離心及利他心等，並且見悟無常性為無常、苦性為苦、空性為空、無我性為無我等，進而成辦道諦功德，獲證滅諦德相。

什麼是「正皈依法寶」呢？如同病者依賴著藥物而痊癒，同樣的，自己也得依靠正皈依的法寶，好好精進修行，行善斷惡，拔除苦因、證得樂果，才可以真正地讓我們得到救護。

僧寶：謂修行路上的模範良友，所以佔有相當重要的角色。如果只是敘述往昔有過的祖師公案，只會覺得「喔」，如此而已。但是，在修行的路上，如果能夠親眼見到一位現代的修行者，謹持慈悲菩提心的律行，次第趨向無上菩提的康莊大道，自然就會覺得「如果他能做到的話，為什麼我做不到呢」，如是透過模範良友的僧寶，增長自己的修行證量。

具足了能夠成辦究竟大乘功德的菩提心，及由其心所攝持的緣空止觀雙運之現量，這種悲智雙運的聖僧，勇於善行利他，無人能及。親眼見到如此聖僧之德後，「願我也能早日成為聖僧」的想法才會更加堅定。這就是僧寶如何救護我們的內容。

㊺ 譯者註：在漢文的佛學裡面，雖然「十惡」裡的貪瞋癡，及「三毒」裡的貪瞋癡的文字相同，但是內容卻不一樣。前者貪瞋癡的內容應該為「想佔為己有的貪」、「想傷害他人的瞋」以及「毀謗的邪見」。

總之，我們要時常持有緣自我的「病人想」、緣佛寶的「醫生想」、緣法寶的「藥物想」及緣僧寶的「護療想」。有如藥物能治療四大不合而產生的疾病，同樣的，為能從三界輪迴的病況中獲得解脫，必須精進依止道諦的藥物，獲得永除痛苦的治療。

由皈依三寶的緣故，視佛寶為醫生、法寶為藥物以及僧寶為護療，這是菩薩們為利他人求得正覺的佛子行為。

思惟業果

此示懺悔罪障。

本文云：「諸極難忍惡趣苦，能仁說為惡業果，是故縱遭命難時，終不造罪佛子行。」謂極難忍受的惡趣痛苦實屬繁多，光以地獄的痛苦而言，就有熱、冷、穢、燋、凍，以及孤獨地獄的痛苦等。世尊在《三摩地王經》云：「若造何種業，則感何種果。」

從善的角度，我們可以知道隨著個人的內在修行，感得的果報也大有差異，甚至會達到不可思議的善報；同樣的，隨著個人造惡程度的大小，也會感得不可思議的惡果，如地獄的痛苦等等。這一切都是由業力形成，如寂天菩薩在《入行論》云：「誰製燒鐵地，妖女從何出，佛說彼一切，皆由惡心造。」

不同的惡心形成了不同的情器世間。無論地獄的模樣是否與世親菩薩的《俱舍論》相似，或是如其他論典所描述般的存在，但是地獄是絕對有可能存在的。為什麼呢？以肉眼可看到的世界而言，不同的種族有不同的生活方式、不同的身心狀態，以及不同的憂惱與歡笑。由此推論的話，我們可以猜測在這個世界以外，一定還會有其他的世界，有著不同的情器世間，正在感受著不同的憂惱與歡笑。

餓鬼的痛苦：餓鬼不只因食、衣不足而感到困苦，而且還有炙熱、寒冷和畏懼等等的痛苦。餓鬼雖由惡業感得惡趣，但是為什麼還會有人用血腥去祭祀餓鬼呢？那是因為在餓鬼道裡面，仍有力量較大、壽命較長的餓鬼會去傷害別人。其實，這些大力餓鬼也是業和煩惱的奴隸，仍然不能遠離痛苦。

畜生的痛苦：如同我們可用肉眼看到，愚癡呆笨、互相吞噬、讓人使喚的痛苦等等。拿在場的犬、馬、驢，或是將被殺害的牛羊等畜生來說，牠們不只有著上述的種種痛苦，雖然未曾傷害任何人，只是安安靜靜地吃著野草、喝著河水，但卻無奈地被人類們隨意宰割……

人類可以為了提升自己的知識，蓋建學校；為了自己的健康衛生，蓋建醫院；為了自己的食、衣、住、臥，設廠種田。可是，畜生是怎麼生活的呢？以豬犬來說，不要說是自力更生、請求他人協助，就連滿足自己的飲食都是很嚴重的問題。對牠們來說，山珍海味有如水中月影般地虛幻，有時就連我們的剩菜都還不一定可以吃到呢！為了食物，牠們有時被人類用棍棒毆打，或遭石頭扔擲，好不容易搶到食物，又擔心被同類給搶走而急促地吞食。仔細去想的話，水牛、馬驢和山羊等動物的遭遇都是相同悲慘。

人們為了美好的生活，盡做些五花八門的怪事，霸道地殺害這些無辜的動物們，剝牠們的皮、割牠們的肉、飲牠們的血、熬牠們的骨。雖然現在開設了動物的治療中心，但還不是為了避免動物疾病傳染而開設的！真正為動物著想而提供醫療的醫院，可以說是少之又少。

我們人類會因為缺乏學習的機會而擔心、抱怨，或是生病時主動要求只要服用藥物，卻不想住院等訴求。但我們懂得向他人抱怨，動物又能找誰抱怨呢？如果有車子在馬路上撞傷了鳥兒或是鹿犬等動物，不要說送牠們去醫院了，說不定駕駛人還會想著，反正都已殘疾了，不如帶回去煮食，補補自己的身體呢！

我們如果變成了這種無能依賴、無人照顧的動物，請問自心真的能夠忍受這樣的痛苦嗎？仔細思惟後，先不談更苦惱的地獄及餓鬼，連畜生的生活我們都無法忍受啊！現在的我們雖然仍在人道，可是卻沒有自主能力來決定自己的後世，只能隨著業力牽引著我們。只有好好地累積善德，才能把握將來不墮惡趣。如果在往生前，連累積善德、懺悔罪障都沒有做到的話，我們後世絕對會「順利地」墮落惡趣。

提婆菩薩在《四百論》的第七品中曾道：「由於諸人類，多持不善品，以是諸異生，多墮於惡趣。」如論所云，若以現在的狀況突然過世，我絕對會墮落惡趣，可是，我是否能夠忍受惡趣之苦呢？到底有沒有方法能讓我不墮惡趣呢？如果有的話，就要當下行持，不要再等到明天了。

要如何懺悔往昔的罪障呢？如同大論典中所說，專注所緣過去已犯的罪障後，禮懺、供養、持咒、塑佛像、印佛經、建佛塔、受戒等等。當然，在眾多的善行中，最殊勝的善行莫過觀修空性，以及觀修菩提心兩者了。

同樣的，藉由懺悔文而禮懺十萬次，或是供養曼達十萬次，或由金剛薩埵的觀修法門而持頌十萬次的百字明咒等，都是懺悔罪障的最好方法。我們不能不在意已犯的罪過，反而更應該嚴謹地懺悔才是。如經說道：「一一懺悔所造罪。」首先，先回想每一過去已犯的罪過，再次針對以上惡業，作如是憶念：「我今已造此諸惡業，皆與佛語相違、師意相違、正法相違，此乃後世墮落之因，乃行聖賢者不敢犯之行。」而行懺悔。

既然現今已得難得的人身，聽聞難得的佛法，遇值難覓的上師，自己有著這樣良好的機會，卻不懂得好好珍惜，反而還去造作損害自他的惡業，真是有如具眼墮崖、知毒食毒。應發起強烈悔心，立志從此不再造惡。具有善巧及成就的導師曾說道：「若能如法懺悔已造惡業，罪則能淨除。」如經所云，以四力懺悔，來洗滌已造的罪業。

懺除罪業的四力是哪四力呢？一、所依對治力，謂皈依發心；二、追悔對治力，謂對過去已犯的罪業，視如已入腹之毒物，發願懺悔；三、遮止對治力，謂從今起，哪怕需要以自己的生命作為代價，再也不再犯相同的錯誤；四、遍行對治力，謂具上述三種力後，所緣惡業，為令淨除，而念誦、聞思經藏等。

強烈地生起皈依及發心後，針對往昔已造的惡業作如是憶念：「我今誠心懺悔由身已造作的惡業、由語已造作的惡業、由意已造作的惡業等，以及所有自性罪及遮性罪。[57]」

如果是一位已經承諾遵守別解脫戒、菩薩戒、金剛三昧耶的比丘，但他個人的每日作息與一般未受戒體的常人沒有兩樣，實屬荒謬，亟需懺悔！有些信徒誠懇地做十萬次的禮拜，或是供養曼達等，這些都是非常良好的善行。雪山瑜珈自在密勒日巴曾經說道：「若問惡業是否可以被懺悔呢？答：只要悔過，絕對能被懺除！」最主要的仍是強烈發起已造惡業的悔過！如是，就能看到往昔已犯的過失，以及畏懼將會感得苦果等報應，自然就能防護再犯相同的錯誤。

相反的，如果對於已犯的過失不懂得悔過的話，雖然外表看似懺悔，但已經失去了懺悔的真正意義，因此懂得悔過才是最重要的！

懂得悔過之前須看到惡業的報應，在這之前又須懂得因果之理，否則將不會對惡業感到厭惡或是防護。佛陀說過三惡道都屬惡業的報應，故本論云：

「是故縱遭命難時，終不造罪佛子行。」謂縱使須捨命，但也不願意做出傷害別人的惡行，這就是佛子的行為。

57 譯者註：自性罪謂無論誰犯此行，都屬惡業，如殺人等。遮性罪謂接受相關戒律者，犯此行時才屬惡業，如過午食，或是留長髮等。

共中士道——求解脫之理

此示求解脫。

本文云：「三有樂如草頭露，是須臾頃壞滅去，故於無轉解脫道，起希求是佛子行。」謂不僅墮入三惡趣的痛苦而已，只要輪迴的根本還未剷除，解脫還未獲得，就不可能永遠離開痛苦。

今天有了難得的人身，也享盡了輪迴的安樂，雖然現在的我沒有三惡道的痛苦，但仍是一位卑微的凡夫，內心的功德更是少之又少。若仔細推想自己的將來會如何，結果可能是令人畏懼的殘酷事實。所以從今日起，我一定要讓自己有絕對的把握不會墮入惡趣，並且生起獲得解脫的信心，否則所得的一切就會像現世的安樂般沒有意義，無法究竟。

由另一個角度去解讀今世的人生，無論是在母親胎裡的時候，或是出生的當下，甚至是在成長中的種種過程中，何時能夠真正遠離痛苦的束縛？

從前世的意識連結至今生的母胎起，胎兒形成時大約前七個星期只有冷熱的感覺，之後母親會慢慢感受到胎中嬰兒的晃動。但其實那是因為胎裡的嬰兒手足無法屈伸，感到相當不適，所以才會想要活動，這種活動絕非出自胎嬰的舒適或是快樂。我們來到人世間的第一階段竟是處於一種不舒適的狀態開始，所以一般剛從母胎出生的嬰兒反應都是嚎啕大哭，不是嗎？

無奈的人生一開始就得面對所謂的「生苦」，四、五十歲的時候還要面對所謂的「老苦」，中間又有許多種種的「病苦」，最後就是我們大家都畏懼的「死苦」。為了求己長壽，無有病痛，每一個人都很注重健康，但又有誰能夠真正逃出死魔的手掌心呢？

所謂的「手術」，就是在未死之前進行身體解剖，有可能裝上原非身體結構的鋼鐵，成為肉體的一部分。可見透過現代的科技，已經可以交換我們體內的肺、肝、心臟等器官，但又有誰能夠藉此真正逃出死魔的手掌心呢？最後還不都會在生命最終的一日，無奈地離去。

死亡會發生在每個人的身上，縱使是成就者，最終也會用盡壽命，或是用完福報，以及惡緣致死等等……總之，我們都會在屋內的床墊上，面臨此生的最後一天，無論之前的身體是多麼地健康柔軟，但死前的軀體就似一棵倒下的朽木，連翻身的動作也都無能為力，或是叫苦連天。

醫院中縱有再好的設備、再多的醫療人手，就連呼吸的空氣也是經由先進機器過濾釋放的，可是往昔的四、五十年就如昨日的夜夢，倏忽而逝，只能眼睜睜地看著親友圍繞身旁，帶著孤獨的淚水，離開人世。面對死亡，我們不知道能夠向誰求饒，也不知道何處能夠逃避死亡，更無法狡猾地躲過，只能乖乖地被死神牽引。

以我個人「達賴喇嘛」為例，在我活著的時候，弟子們有可能因為保護教法，或是保護我個人而犧牲自己的性命。可是當我死去的那一天，卻沒有弟子能夠保護我，讓我從死亡中逃離，我更不可能帶著弟子，「陪伴」自己離去。

當死亡來臨時，沒有人能夠逃避，只能自己一個人孤獨地離去！

正所謂：「王棄權勢而離去，乞棄藤杖而遠離。」又如至尊帕彭喀大師在《勸念無常藏匙》中云：「遺囑怨言最終言，氣力衰竭仍欲言，舌乾莫能表其義，無奈此時意倦矣！」口乾舌燥加上內心的極度憂鬱，使得我們活在人世間的最後一句話叫做「遺囑」。雖然語帶著諷刺，但卻很現實地證明，之前沒用白紙黑字記錄下來的話，還不一定能夠讓人聽懂呢！

瀕死的時候，發紅的眼睛裡流露出萬分地不捨，親友們緊緊地握住我的雙手，然而此時的我，卻只能無力地顫抖著嘴脣傳出斷斷續續的聲音。當親友聽不清楚的時候，只會讓現場的氣氛更加地難堪。最終，就在這欲哭無淚、奄奄一息的不捨中，無奈地畫下人生的句點。至尊帕彭喀大師在《勸念無常藏匙》中亦云：「加持聖物最終食，加持聖水最終飲，無力含飲或噬故，由穢屍脣流唾液。」

平常食用過熟的餃子，就會馬上抱怨；如果這餃子未熟，又會對可欺負的人罵說：「這是人吃的嗎？」或是對無法欺負的人說：「吃了這個不會生病嗎？」但令人諷刺的是，到了臨終的那一天，再也聽不到對餃子的怨言，即使再好吃的餃子，也沒有了讚美的聲音。

臨終的那天，雖有掛在身上的佛龕，卻無力氣取出加持丸。此時，只能透過手勢，苦苦哀求那些平常不相信的外人，拿出加持丸塞進嘴裡。但令人諷刺的是，好不容易到了嘴裡的加持物，居然吞不下去！

至尊帕彭喀大師在《勸念無常藏匙》中有云：「親人親友與最親，愛之護之圍繞之，哭也嚎也大慟也，應知今已永離矣！」又云：「咽喉嘶啞唆唆響，氣急喘促置頂時，古箏已斷絲絃索，應知今已永離矣！」

班禪善慧法幢在《救大悲母》有云：「行醫修法皆無望，親友哀慟亦無能，己亦無能無力時，祈請上師救護尊！引我離有聖觀音！」如經所言，只有依賴自己平常的善行，以及平時對佛菩薩的信念來幫助自己走過人生的最終階段，否則沒有其他的方法能夠幫助我們獲取下一生的善趣。

從二十歲起至中年期，約在四、五十歲的時候，這段期間也可稱為「炫耀期」，口誇自己多麼有經驗、見識有多廣，或是自己有多麼地能幹等等。二十多歲的年輕人也不願服輸，藉著年輕的容貌與血氣方剛的活力，立足在這社會上。無論如何，當您有時間仔細與這些不同年齡層的人們交談心事，您將會發現一個有趣的共同點，那就是「人人都有本難念的經」。

「唉！怎麼又沒辦法畢業了呢」、「唉！薪水真少」、「唉！媳婦雖然漂亮，但怎麼心機這麼重」、「唉！到現在怎麼還沒有小孩呢」、「唉！小孩太多了，趕緊去結紮好了」、「唉！結紮以後怎麼老覺得哪裡不對勁」等等。

沒錢時有沒錢的苦，可是有了錢就不苦嗎？不對，仍然還是苦，因為嫌銀行的利息太少，認為投資可以賺到更多的利潤，但又怕虧損本錢，在這樣的拿捏不定下，再次讓我們嚐盡疑慮的苦。

沒有朋友的時候，認定自己為「孤苦伶仃」，孤單單的一人，好似全世界自己最可憐的樣子。但好不容易有了朋友，卻又因嫉妒及猜疑，或是意見的不同，覺得這種朋友不交也罷，甚至鬧不和……無論是少年或是青年、中年或是老人，我們都是在這種反反覆覆、怨天尤人的痛苦下，度過此生。

這就是輪迴的廬山真面目啊！

溫暖的住家，來自家庭成員之間互相的和諧與滿足，而不是一直去裝潢家具，改變屋內的模樣，變成房屋的奴隸。同樣的，不懂得珍惜財富所帶來的溫暖，只懂得如何增加自己的財富，也會變成一位無法快樂的財奴！

就因成為了「人」，才能具有獨特的智慧，讓所有圍繞在自己身旁的人獲得利益，這是一件畜生無法做到的事情。否則我認為只求溫飽的人，只是一個活生生專門製造糞便的機器而已，除此以外，這種人的人生並無意義。

因此，懂得如何調伏自己的內心，再以這種純淨的意樂盡量去幫助四周的人，讓他們都能感到您內心的那份真誠及溫暖。這種圓滿暫時及究竟的利益，才是不枉費此生的偉大事業啊。

我們不須抱怨人生沒有意義，或是覺得人生沒有希望而自尋死路，更何況死後也不代表不會再投生。總之，只要業和煩惱仍然存在，我們的後生將是永無止盡的輪迴痛苦與無奈。既然這種輪迴是可以截斷的話，為何不從今生就努力了斷無止盡的痛苦呢？

問：這種無止盡的輪迴是從什麼因緣產生的呢？答：是從「業力之因」以及「煩惱之緣」所形成的。

龍樹菩薩在《中論》的第十八品說到：「業煩惱滅故，名之為解脫，業煩惱非實，入空戲論滅。」為能斷除輪迴，必須要停止業因的助緣——「截斷煩惱」，使煩惱不再滋潤業因，這樣才能消滅「無奈必轉的後世」。所以斷除煩惱之前，必須先剷除煩惱的根本——「真實執著」。於空性中這種永斷煩惱的空性，就是涅槃，也是永恆安樂的「解脫」。

「解脫」並非使自己完全地消失，而是永遠不去聽從煩惱的使喚！我曾看過許多外國書籍裡面對於佛教徒所謂的解脫，將「人無我」解釋成讓自己完全地消失，這是一種嚴重錯誤的想法。因為自己的負面情緒作祟，導致不想要的痛苦源源不斷。「解脫」正是消滅煩惱，讓煩惱永不生起的意思。

然而實際性的問題是：有可能解脫嗎？解脫是存在的嗎？

例如解脫的方法為何、煩惱的定位點又是如何、煩惱藉由什麼因緣而產生，以及煩惱的根本是否為真實的執著等等，這些都是非常關鍵性的問題，幫助我們證明解脫的存在。月稱菩薩在《入中論》時說道：「最初說我而執我，次言我所則著法，如水車轉無自在，緣生興悲我敬禮。」又云：「慧見煩惱諸過患，皆從薩迦耶見生。」如論文所言，一切有情初由「我執」的擴大，逐漸形成「我方」及「他方」，進而增長貪瞋等煩惱。

煩惱的根本來自我執，此執境的我是否實際存在，或是「我執的我」是否與「實際存在的我」吻合呢，可以透過中觀論典的詳細解釋，好好學習而獲知其中奧妙。

龍樹菩薩在《中論》裡說道：「諸法不自生，亦不從他生，不共不無因，是故知無生。」如論中所云，透過正理的觀察，我執如何執取與實際是否吻合、實際情況又是如何、因緣依賴的關係、執著的執取之境，以及執著的所見之境等等，都需要透過長久的學習來決定，這樣才能對解脫有所概念，才會對解脫生起信心。

獲得解脫，我們就能隨心所欲地讓自己馬上快樂起來，否則我們的心情總會隨著煩惱起伏不定，並且容易受到外在的影響，無法隨心所欲地遠離內心鬱悶。既然世間的享受似露水般地短暫，解脫的果位又並非憑空揑造，所以，為了出離三界而努力精進，正是佛子的善行。

上士道——由大悲發心之理

此示以大悲為本之發心軌理。

本文云：「無始時來憫我者，母等若苦我何樂，為渡無邊有情故，發菩提心佛子行。」謂上述所說的「解脫」，雖然是種永恆的安樂，但可惜的是，一但缺乏了菩提心，這種解脫只是屬於個人的解脫而已。

況且，仔細地想過後，為什麼當初要追求解脫呢？就是因為自己想要離苦得樂，才追求解脫的，不是嗎？既然這個「離苦得樂」的唯一理由，值得我們追求解脫的話；那在追求自我解脫的同時，也應有相同的理由去追求他人的解脫，因為他人也想「離苦得樂」，與你我沒有絲毫差別。

雖然「我」和「他」擁有著相同追求離苦得樂的想法，並且也擁有著同樣的能力與權利去追求快樂、永離痛苦。然而不同的是，「我」永遠是單數，「他」永遠是無數的，從此可知，透過數目上的衡量，「為己」及「為他」之中已經有了很大的差距。

譬如我在今世的暇滿中，透過殊勝的機緣學習了教法，而且還是大乘教法，並且也接受了比丘戒、菩薩戒和金剛三昧耶等戒律。從某種角度可稱為「值得欽佩的尊者」了，但是這個被稱尊者的「我」與「他」比較後，我還真是微不足道。因為「我」只是個人的問題而已，無論自己是苦是樂，是輪迴或是解脫，跟「他者」的無數生命比較後，自己的問題其實微乎其微，不足掛齒。藉由認知單一及無數的差別，就應該理智地看待「他人」比單數的自我還要重要的事實。縱使需要犧牲個人今生以及後世的安樂，或是犧牲個人解脫的成就，只要真正有利於這些無數的他者，都是值得的。

例如後世人天的安樂再好，跟解脫的安樂相較，怎能夠相提並論呢？為了得到解脫的安樂，縱使需要犧牲後世人天的幸福，也都是值得的。這就是為什麼在追求究竟解脫的過程中，需要堅持當下的苦行，忍受常人所不能忍之苦，不應發出怨言。因為這一切都是將來成就解脫的樂因。

既然如此，無數的他人與單數的自己比較後，何者重要、何者次要，何者應捨、何者應取，這種「犧牲小我，完成大我」的理念，想必是每一位智者都應該懂得去抉擇的吧。

從無始以來，於無數的轉世中百般愛護我的母親們，如今卻一個個地淪陷苦海，叫苦不迭、苦不堪言。然而令人百思不解的是，明明看到如母有情這般痛苦，但卻毫不理會地只顧求個人的究竟解脫，這種作法是否太過無情、無慚無愧呢？此故，本論文云：「無始時來憫我者，母等若苦我何樂。」

「他人」對自己的恩惠事例可多了。就連我們在輪迴的時候，所得到的一切安樂也都來自於「他者」的有情。像我們現在能夠順利進行這次的講法，絕非我一人之力可以辦成，還需要透過大家的力量才能夠成事。不管是住處的籌備、旅費的提供，或是在會場中，講師毋須大聲吼叫，不分遠近的聽眾也都能聽得清楚等擴音設備……就連所搭乘的交通工具與機械用油，也都間接地透過眾多「他人」之手，才能夠圓滿這次的法會，不是嗎？

我們所擁有的一切享受都源於眾生。所食的餐飲、所穿的衣裳，或是我們在乎的名譽等等，就連所住的房子也都來自他人的恩惠。當然，眾生的利益不僅限於今生而已，早從無始劫來，我們就依賴著眾生而生存至今。眾生才是真正利益我們的最大恩人啊！

「感恩眾生」，絕非意味著現世的親友或是恩人而已，而是包括了一切昆蟲魚蝦，以及雞犬豬羊等眾生。任何一個生命體，都是值得我們去感恩、愛護的對象。其原因有二：一、如果不能愛護一切生命，那這種愛心是狹隘的，只能做為凡人普通的愛心；二、縱使這些不認識的生命體與我今生無關，可是不能否認他們前世曾做過我的恩人啊。

不只如此，就連想要百般傷害我的討厭的仇敵，也都需要去感恩與愛護。因為只有討厭的仇敵才能給予特別的機緣，所以我必須要感恩。為什麼呢？在一般佛法的教義，尤其是大乘的教義中，都非常重視強烈菩提心的發起。為此發心之根本，強烈的悲心與慈心一定得要有堅穩的基礎才可以；慈悲的動機，就是愛護他人，使他人得到安樂。

然而「瞋心」卻是障礙慈悲的最大逆緣。貪心雖然對於自利有害，可是在某種情況下，卻能帶來他人短暫的利益；而瞋心卻非如此，瞋心只有完完全全的傷害，沒有任何的好處可言。為了堅穩慈悲的基礎，必須先去除瞋恚，其方法就是修持瞋恚的對治——忍辱。

不懂得忍辱，容易喪失理智、被瞋心所惱，而一再做出讓自己後悔的事情；不懂得忍辱，就連不起眼的困難都無法忍受，只會畏首畏尾、滿腹牢騷。「忍辱」可以讓我們理智地渡過每個難關，兼顧大局。透過三寶或上師，我們可以知道修學忍辱的重要，以及有關忍辱的教授。可是，忍辱的機會不是來自三寶或是上師，而是來自那些我們從心底深處所討厭的對象，也就是已經傷害、想要傷害，或正在傷害著我們的仇敵。

雖然一般人認為「以牙還牙」是理所當然的作法，但世人卻疏忽了以牙還牙背後的動機，是種腐蝕自心、導致墮落的瞋恨，一步步地讓自己無法呼吸、不可自拔。「忍辱」絕非縱容罪惡，或是屈就對方，相反的，正確的忍辱，是要讓我們遠離懷恨的報仇動機，再以理智的方法，避免對方犯相同的錯誤，必要時更給予懲罰，加以治之。

是誰讓我們有機會能夠磨練忍辱、增上忍辱？「堅定忍辱」的可能，當然是由已經傷害、想要傷害，或正在傷害著我們的仇敵所創造。若非他們真實地百般害我，我又如何能修習忍辱呢？因此，我需要感恩這些「眾生」賜予這樣的因緣，讓我磨練忍辱、成熟理性，更能堅強慈悲信念。

其實，有哪位眾生不需我的愛護？我又為何只愛護今生的親友？更何況沒有了忍辱、沒有了無邊的大愛時，「慈悲」只是種表裡不一的名稱而已。每當有損自己利益的時候，就連口口聲聲說「愛你」的對象都想傷害，這難道就是我們對今生的親友所發起的真正慈悲？

換句話說，沒有了仇敵，我們的慈悲就只能停留在狹隘的狀態，不能成為無邊的大愛；有了仇敵，才有機會感恩仇敵，製造忍辱的機會，並且珍惜仇敵出現的機緣，使我們的慈悲擴展，無有邊際。若以這種實際面來看待仇敵，就知道能否成就真正的大慈悲，全賴我們怎麼去面對仇敵的這門學問啊！

格西朗日塘巴在《修心八頌》說道：「吾昔饒益助某人，且曾深心寄厚望，彼雖非理妄加害，願視彼為善知識。」如論所云，敵人乃最好的善知識，若要好好培養慈悲，就應更加強從討厭的對象開始磨練！如果不只包容討厭的對象，還能做到愛他甚於愛己，請問世間還有煩惱可言嗎？因此，快樂且有意義的人生，就是愛護所有的眾生。

明知道上述的利害差別，仍然只為個人的解脫著想，實屬極端愚昧，與大乘精神極相違背。

縱使不相信有前後世，但如果能夠做到不分區別地愛護一切生命，我相信，您的生活絕對充滿著希望與活力，而且是世上最快樂的人，當然也一定是位大家最為尊敬、最值得仰賴的善賢尊者。這種快樂與內心的溫暖，絕非能用金錢與權力來換取；反倒是絲毫不爽的因果，能讓這位不相信有後世的善者，帶來後世的利益與安樂。

善與惡的準繩界定於行為起初的動機。雖然嘴上承認有前後世，把因果輪迴說得頭頭是道，但私底下卻隨心所欲地做出傷天害理之事，對報應絲毫沒有畏懼之心，這樣的行為一定會得到報應的。因果的規則不可能會出差錯！無論嘴巴上說什麼話，最主要的還是我們心中的善念。

一般我們藏族人的個性真純善良、刻苦耐勞，但其實我們體內並沒有流著與他人不同的血，只是因為長久以來受到大乘教法之薰習，所以連屠夫、獵人以及盜賊都會去寺廟拜拜，嘴上還會叨念「願如母一切有情……」的字句呢！當然，盜賊殺盜的惡行絕對無法令人接受，可是換個角度想想，當您看到這些人們虔誠地上香拜拜，嘴中念著「如母有情」時，不覺得場面很令人驚訝嗎？

這種非常良好的雪域西藏，或蒙古文化表現，完全源於大乘教法的恩惠。像泰國本是個佛教國家，該國的人民都非常虔信三寶，但由於未曾興盛大乘教法的緣故，所以這些佛教徒去寺院膜拜的時候，無法自然念誦出「如母有情」等字句。

大成就上師——阿底峽尊者在世的時候，無論接見哪位訪客，都會問道：「生善心否？」尊者即將往生的時候，對種敦巴心子的最後遺訓也說道：「莫失善念！」種敦巴大師將往生的時候，其心子博多瓦流淚不止，淚水流到種敦巴大師的懷中。大師看到即問：「子何需傷心難過？切記觀修菩提心之善念！」說出了大師在世的最後遺訓。過去先賢大師的多數遺訓都是教導弟子們要秉持善念，可見「善念」確實是佛法教示的精要。

宗喀巴大師即入涅槃之前，把法帽交給了賈曹傑弟子後，說道：「行善念。」法帽代表傳承的接棒由賈曹傑大師接管，而「行善念」則是大乘教法之精髓，因為菩提心正是一切善念中最為殊勝之心。以我個人而言，由於大乘教法的信心，推動著我認真修行善念，盡力觀修菩提心。所以你們也要努力堅持此心！

我出生在安多，一般安多人的個性較為剛烈，所以我的脾氣不是很好。因為平時常聽「菩提心」這三個字，也認真努力地觀想過，所以我非常肯定這種善念的確帶給了我無比的幫助。在場無論是從果洛來的，或是從康地來的，高聲喊著「祭兮兮」[58]的你們，都要謹慎修改自心，轉為善念，讓心中有顆菩提心。如同我之前強調，有了這樣的善念，你們才會懂得大乘的法味是多麼地美妙！多多閱讀寂天菩薩的《入行論》，以及龍樹菩薩的《寶鬘論》，好好修習自他相換，這種的快樂力量是無法言喻的。

利他永遠第一，利己永遠第二的菩提心，所在乎的對象只有自身以外的他

58 譯者註：一種高亢的助威聲，如衝鋒時的叫喊聲，或是挑釁作用的叫喊聲，藏文為ཀི་ཧི་ཧི།。

人而已。也就是因為如此，才能遠離一切私心所帶來的痛苦，以及真愛所帶來的無比勇氣與歡樂。姑且先不談真正的菩提心生起，就連短暫蓄意所發的菩提心也能帶來未曾有過的喜悅，如心柔卻具有勇氣、自信卻常懷謙卑、悲憫卻充滿喜悅、愛護卻遠離貪婪、隨喜卻無有妒忌等等。我們大家真的要好好修行這顆珍貴無比的殊勝菩提心啊！

分別自他兩方，而只求自方的安樂，這是種違背道德的想法。因為無論自方或是他方，都有著相同離苦得樂的希求及權力，既然如此，又怎能只求利己，捨棄利他呢？

班禪善慧法嚴的《上師薈供》云：「薄苦永不欲，樂亦永不足；自他既相同，利他求加持。」寂天菩薩在《入行論》中也說道：「自與他雙方，求樂既相同，自他何差殊？何故求獨樂？自與他雙方，惡苦既相同，自他何差殊？何故唯自護？」

既然自他兩者在求樂的心態上一模一樣，那有什麼理由只求自樂，不求他樂呢？既然自他兩者在離苦的心態上也都一模一樣，那又有什麼理由只離自苦，不離他苦呢？仔細地想想，自己要幫助「自己」離苦得樂的主要理由是什麼，不就是因為自己「想要」離苦得樂嗎？如果是如此，那自己也要幫助「他人」離苦得樂，因為他人也「想要」離苦得樂啊！

因此，我今下定決心讓自己成為利眾的工具，變成一切有情的受用，我要活得更有意義！寂天菩薩的《入行論》云：「今生吾獲福，幸得此人身。」龍樹尊者的《寶鬘論》亦云：「願我他所愛，如念自壽命，彼惡盡我報，我善願彼熟。」又云：「乃至少分眾，未曾解脫時，縱證最無上，亦願為他住。」亦云：「地水火風等，草藥及野樹，自身極短暫，當令人受用。」

又如大師旃檀枸宓在《學箋論》云：「如畜得草取易食，如枯得水歡飲之，士夫勤行為利他，英風偉烈聖者志。」如論文所云，若整天忙忙碌碌，其目的只是為填飽肚子、滿足人體之所需，那不是人類應行的大義之事，而不過是一件連畜生也都正在做的平凡之事。然而，如果相同的忙碌是為了他人，那就不是一件凡夫之所為，而是值得大眾尊敬的善行偉業。

雖然經續等大論典都一致述說菩提心的殊勝利益，並且勸導勤行利他等事業，但是我們現在要如何去行利他的事業呢？其實，現在的我們有如手足殘障的母親，明知愛子被水沖走，卻無能為力；我們雖有心利他，卻心有餘而力不足。第一世達賴喇嘛在《度母讚善寫書》裡說道：「願我永不為利己，任運成就唯利他；天眼神通及善說，願我能滿利他緣。」做如此的迴向。

雖然在場的弟子打從心底地皈依於我，但慚愧的是：我仍隨著業與煩惱而轉，無法滿足你們的願望。我無法以自己的「道地」經驗來領導你們，我能做的只有以身作則，勸導你們好好謹慎修改自心。在場的一些弟子曾到過我的面前，希望我能夠滿他們的願，可是我卻未能做到，是因為我本身還未獲得成就，才無法真正利益到他人，或是解決他人的煩惱問題。

況且現在所說的法義，僅限於我自己學過的知識領域或是有過的少許經驗，與大家一起分享。實際上，我的確無法了解在場每一位的想法，而來對症下藥，或是依個人不同的根器去治療煩惱，這是因為有了「所知障」的阻礙，才無法圓滿利他事業。若真能了解每人的不同根器、不同所需，絕對能夠實際滿足更多人的願望、解決更多人的煩惱。

可是話說回來，你們說不定可能會想，反正去除所知障、遍知一切法的佛陀自然會去利益眾生，那這些利他之事業，又何須由我來承擔？況且若連功德圓滿的佛陀都無可奈何，那凡夫的我又如何救渡？

就如同今天大家能夠同聚此地，一定是源由往昔多世的福報與願力，而且這些福報與願力又需要依賴過去的善業才能形成。這種業緣的依賴層面的確藐不可測，也就是說：人與人之間的善緣或遠或近，是隨著今世、過去世、前兩世、前三世，甚至前一千世間的互動關係而受到影響。所以與佛的善緣越近，佛就越能幫助到他。相反的，也就因為與佛的善緣距離過遠，導致無法見到佛，或是佛無法利益此人，這都是確實有可能的。

真正要圓滿利他事業，不只需要依賴「善緣」，也還得先自我成就「遍知一切」才有可能做到。只有這樣，「為利有情願成佛」的目標才能真正利益有情、圓滿利他。如果不懂得其中道理，有時我們可能會被上述的問題所困惑。於此刻意提出，不過就是為了讓你們了解，若要真正利他，自己必須先成就無上菩提的主要原因。

十地菩薩雖然能夠利益廣大眾生，卻因未除所知障，還不能達成一切遍知，而無法圓滿救渡一切有緣眾生。因此，「願成佛」的目的絕非為己，而是為了利他、為了救渡一切有緣眾生；了解此義後，我們必須確定利他的第一步驟就是成就斷一切過、證一切德的佛果。

彌勒菩薩在《現觀莊嚴論》時云：「發心為利他，求正等菩提。」如論所云，一切如母有情雖欲離苦得樂，但卻因由無明煩惱離樂得苦，以這種希求他利之發心為因，而與「願自己早日成就無上菩提」的希求相應的殊勝心，稱為「菩提心」。這種菩提心在行住坐臥中都能自然發起，源源不斷，便是獲証了菩提心的覺受，應令此心生繼續增長。此論文「為渡無邊有情故，發菩提心佛子行」的原意也是如此。

這種「為利有情願成佛」的菩提心與未生令生、生已增長的善行，就是佛子菩薩所行的精隨。

自他相換之理

此示自他相換之義。

本文云：「諸苦由貪自樂起，佛從利他心所生，故於自樂他諸苦，修正換是佛子行。」為得任運菩提心，應修自他相換，如寂天菩薩的《入行論》云：「所有世間樂，悉從利他生。一切世間苦，咸由自利成。何需更繁敘？凡愚求自利，牟尼唯利他，且觀此二別！」謂一切的安樂，都是由利他的動機而生，一切的痛苦，就是因利己的私心所成！班禪善慧法嚴的《上師薈供》云：「執己一切罪惡源，愛眾一切功德田。」從無始劫來，我們愚蠢地選擇以「愛己」的方式讓自己離苦得樂，可是直到今天，我們的痛苦消除了？不再煩惱了？錯了，我們真的錯了！

今天，我們好不容易能夠聽聞釋迦導師的教法，尤其是能夠遇見文殊菩薩所留下的傳承。透過龍樹尊者以及寂天菩薩等大師，讓我們知道藉由愛己，不但煩惱無法解決，反而愛己的私心帶來更多的疑慮、嫉妒、瞋恚等煩惱。相反的，愛他的結果不但沒有損失，反而內心更加地踏實、自信與勇敢，讓自己活得更有意義。

認知了「愛我執」的過患，以及「愛他心」的功德以後，就應努力地修行自他相換。自他相換的意思，就是把原有愛己的心轉移到他人的身上，並且把原有忽視他人的心，轉移到自己的身上。為能使自他相換的力量更為強烈，《修心七義》云：「取捨間雜修，彼二乘風修，先從自身取。」在此說道「取捨」之法，其根源則來自寂天菩薩的《入行論》：「勝妙祕密訣。」

取捨法，就是以悲心取他之苦，由慈心捨己之樂；或者把自己的所有善業布施於眾生的觀修法門。《上師薈供》云：「此故至尊悲憫師，如母咸苦及罪障，無餘返回於我身。我願捨己諸善樂，眾生皆樂求加持。」《寶鬘論》云：「彼惡盡我報，我善願彼熟。」經論文都一再地顯示「取捨」的重要，也說明了從心底希望所有眾生的苦與罪跟自己的善與樂做交換。

若能真心自他相換，雖然現在處於輪迴苦海，但也能獲得安樂；相反的，倘若仍堅持愛己，不只將來不可能成就佛果，自私的心更讓我們永遠都處於煩惱之中，無能拔脫痛苦的束縛。寂天菩薩《入行論》云：「若不以自樂，真實換他苦，非僅不成佛，生死亦無樂。」

總之，一切的痛苦都源於自私的愛我執；一切的善樂、究竟的成就等，都源於大悲的愛他心。這種自他相換的殊勝善行，正是佛子菩薩們的行為。

取暇滿之大義，及復說略述三士道法

今天是最後一天講授《佛子行三十七頌》。從法會的第一天起到現在，希望這些講授能夠幫助你們建立一個有意義的人生。「時間」不可能為我們而等待，只會逐漸地消失流逝，沒有機會再挽回。已盡的人生就成為過去的記憶，不像壞掉的東西那樣可被修復。希望你們能像醫生的診斷般，仔細診察我們曾走過的歲月，不要像個不懂事的孩子一樣，浪費寶貴的時光。

尤其現在稍懂了些教理、聽聞了些法義，也有足夠的智慧判別是非善惡，在這種情況下，若仍繼續浪費寶貴光陰，就是明知故犯、對不起自己。平時多思惟念死無常的內容，把已聽聞的法義多實踐在生活上，並且多思惟三寶的功德，皈依三寶田。

相信業果輪迴！若有不慎犯造惡業，速速於三寶田前誠心懺悔，自我接受斷十惡戒，或是塑造佛像、持念咒語、讀誦懺文、供曼達拉，以及十萬遍的百字明咒等，都是消除業障的殊勝法門。當然，觀修菩提心及空正見，絕對是最好集資淨障的無二法門。

佛經說：「應清楚緣念個別已犯的罪行，而做懺悔；不應模糊緣念總相而懺悔兮！」謂懺悔的時候，不要單純緣念「已犯罪業」的總相，而是清楚憶念什麼時候犯、怎麼犯，而誠心懺悔。

清楚回憶已造惡業之時，應做思惟：「我某某人，今犯下如是過失，想必往昔也犯相同之錯誤。」如此清楚地回憶後，思惟：「此等惡業極為汙穢。違世尊言、違上師意，貽害今生與後生。」或思惟：「惡業之罪行與法義相違、離善賢之所行。然而，我今難得獲此暇滿，並遇聞世尊之教理，得善知識之引導，何有顏面知法犯法、明知故犯？」故應透過強烈生起的悔意、絕不再犯的承諾，以及依據慈悲世尊的教誨，由四力門誠心懺悔。

四力懺悔：一、依止力，謂皈依發心；二、追悔力，謂對過去已犯的罪業，視如已入食的毒物，發願懺悔；三、遮止力，謂從今起我再也不犯相同的錯誤；四、遍行對治力，謂具上述三種力後，所緣惡業，為令淨除，而念誦、聞思經藏等。

強烈地生起皈依及發心後，針對往昔已造的惡業做此憶念：「我今誠心懺悔由身已造作的惡業、由語已造作的惡業、由意已造作的惡業等，以及所有自性罪及遮性罪。」

如果是一位已經承諾遵守別解脫戒、菩薩戒、金剛三昧耶的比丘，但他個人的每日作息與一般未受戒體的常人沒有兩樣，則實屬荒謬，亟需懺悔！有些信徒誠懇地作十萬次的禮拜，或是供養曼達等，這些都是非常良好的善行。雪山瑜珈自在密勒日巴曾經說道：「若問惡業是否可以被懺悔呢？答：只要悔過絕對能被懺除！」最主要的仍是強烈發起已造惡業的悔過！這樣的話，就能看到往昔已犯的過失，以及畏懼將會感得苦果等報應，自然就能防護再犯相同的錯誤。

在這個基礎上，再依循次第修學出離心與菩提心，才能圓滿人生之大義，不枉此生暇滿。不僅血氣方剛的少年男女有更多的時間可以做更多有意義的事情，就算是歲暮之年的高齡老公公，只剩下十年的壽命，但仍有十年的時間做些有意義的事情！

什麼叫做「有意義」？小者謂「今生次要，後世重要」，大者謂「自我次要，他人重要」，懂得運用這兩句話的內容，就等於把八萬四千的佛經精隨用在生活。盡量生起愛他甚於愛己的殊勝菩提心，並令此心未生令生，生已增長。抱著這種意樂，聽聞一切的講授、行一切的善行。

這次教授的是《佛子行三十七頌》。因此，應當了解要修的第一條佛子行：勤習佛理，應以聞思修三學，洞悉深奧妙義、浩瀚無邊的教法。第二條佛子行：為了避免學佛之障礙，遠離愛恨交雜之環境，本文云：「離家鄉是佛子行。」第三條佛子行：雖已遠離家鄉，但還需依賴阿蘭若處，才可真正避免喧譁阻礙。第四條佛子行：雖住寂靜之處，但心不離世間八法，實無利益，所以應當捨棄貪婪現世之心。第五條佛子行：遠離惡友、依賴善友。第六條佛子行：以純淨的動機與善行，追隨善知識，依賴善師。

善法的正行：初者，經說「皈依三寶」。皈依境：佛寶、法寶、僧寶。如何皈依：認知三寶功德後，以畏信之心，皈依與自心異續的三寶；應以求信之心，皈依自己將來能夠獲證的三寶，後者極為重要。此後，不只皈依三寶以外，還要懂得皈依學處，如皈依佛寶後，就不應禮供世間天神、山水靈魅，也不應忽視以繪塑佛像作為商物，高利販售等惡作。尤其是佛教徒以極高的利潤來販售佛像、佛經等等，乍看之下雖似能賺一筆錢，可是那卻像吸毒般的可怕，永不應行！

如果因為某部經典的失傳或極為稀少，為了能廣大流傳，但因經費不足，可以向他人借款印書，再把所得的利潤用來還清欠款，或是作為其他部經典的印費，這種特殊的情況又大為不同。否則，我們在表面上看似為佛法做事，但實際上卻為了填飽自己的肚子，多賺點錢，如此不嚴謹行事，容易發生這種齷齪無恥的行為。經典上既然說了，一定有它的用意及道理，不應忽視，我們不應知法犯法、明知故犯。

有時為能解決暫時的困難，而有求助世間神靈、天龍八部等，這是允許的。但絕對不能把這些神靈視為一心依賴的對象，皈依祂們。以上都是有關皈依佛寶的學處。

皈依法寶後，不能刻意傷害他人、不應隨意放置佛經論典、跨越經書，或拿它當遮陽傘。這些書裡面的內容，都是些有關上師瑜伽、佛子菩薩的偉大精神，怎可以隨意不去尊重？如果太陽太熱，可以拿法衣遮蓋，或是用手帕等衣物來遮頭。西藏有句諺語：「近犬者易病。」學經者每天與佛經一起生活，有時容易忽略對於經典的尊重，而因此容易犯下「癡障」的危險。噶當派的格西說道：「今已足癡矣，何需餘癡兮！」我們應該小心才是。

應該小心對待與佛法教義有關的報刊，避免腳跨經書！如果能夠做到的話，最好不要用腳跨越任何的文字。但現在的拖鞋、皮鞋上都有文字，實難避免，但至少要做到避免以腳跨越任何有關佛教或內明的文句。

皈依僧寶後，不應與外道，或與只求世間安樂者太過走近，應秉持自己的信念，不受動搖。見到穿著僧衣者，應恭謹謙和。來自藏北，身著皮袍的種敦巴大師承受圓滿居士戒。在大師的傳記中，曾有一段大師撿起掉落的僧衣布料，恭敬地放置高處後說道：「穿著此衣者，不可能無有絲毫功德。」

不應詆毀僧人！有時我們會罵道：「這些和尚……」這種說法是永遠說不得的，因為這句話裡包括了僧團整體，所以罪障特別深重。當我們必須指責某位僧人的時候，應該指出此惡僧的名稱，不應由此僧人的不良行為而去詆毀整個僧團。

名副其實的「出家人」，並非穿著外表僧服，理所當然地享受供養者，而是努力改變自心，成為佛教徒圭臬的人。同樣的，居士們也應觀功念恩、恭敬僧人，並將僧人視為資糧田。如此互相禮敬，不僅有利於己，教法也能如日中天、興盛長久。以上就是第七條佛子行的內容——皈依三寶。

皈依後，最重要的就是相信因果、行善斷惡。一般的惡行主要歸類為十種，故稱「十惡業」；斷此十惡業之戒律，稱為「十善道」，這就是第八條佛子行。以上的內義都屬共下士道。

本文云：「三有樂如草頭露。」從此解釋有關共中士道的內涵。如《廣論》云：「壬一、思惟苦諦生死過患。壬二、思惟集諦流轉次第。」如論所云，認知輪迴的趣遮次第，再以具足八功德的暇滿，修行三學，獲證解脫。否則，處於輪迴當中，就沒有究竟的快樂可言。又如宗大師的《功德之本》云：「惟願加持令我先認清，世間圓滿諸過眾苦門，不可依賴享受不饜足，然後勇猛追求解脫樂。」謂世間的安樂，會帶來一種無法滿足的欲望。其實這種無底洞的貪婪本身，就是非常強烈的痛苦，使我們永遠得不到真正的安樂——「滿足」。名譽或是權力，親友或是仇敵，哪一項才是永恆的呢？我們一直守護的美麗身軀，或是房子財產等，最終又有哪一項不離我遠去？宗大師的《廣論》云：「如是六苦總攝為三。」後又道：「如是總攝亦當思惟。」

為何從無始來，一次次的生死輪轉未曾停止？

因為業與煩惱推動的力量，讓我們無自主地接受下一生的開始。一旦下一世無自主地「開始」，就會接二連三地帶來無自主的老、病、死，以及數不清的無奈痛苦。換句話說，源源不斷的痛苦，正是來自於起初的無奈——「生」。隨著業與煩惱的「生」，帶來的不僅是上述問題而已，也是過去惡業感果的主緣、現在煩惱的順緣，以及引發未來痛苦的助緣。

《廣論》云：「如是八苦之中，初思惟生苦分五：眾苦所隨故生為苦者、粗重所隨故生為苦者、眾苦所依故生為苦者、煩惱所依故生為苦者、不隨所欲離別法性故生苦者。」初五苦極為嚴重，應多思惟，力求解脫。解脫的途徑：

透過戒學、定學，以及慧學三者，斷除自心的煩惱及煩惱的種子，這就是第九條佛子行。就這個偈頌文來略述共中士道之教義。

修習上士道之理。本文云：「無始時來憫我者，母等若苦我何樂？」這是一句相當有分量的話，也是《佛子行三十七頌》的根本教義！

自他兩者在求樂的心態上都一模一樣，那又有什麼理由只求自樂，不求他樂呢？既然自他兩者在離苦的心態上也都一模一樣，那又有什麼理由只離自苦，不離他苦呢？仔細地想想，自己要幫助「自己」離苦得樂的主要理由是什麼，不就是自己「想要」離苦得樂嗎？如果是這樣，那自己也要幫助「他人」離苦得樂，因為他人也「想要」離苦得樂啊！

若「只為自己」才是真正離苦得樂之道，那麼從無始劫來，我們連作夢都想到自己的這種私心，怎麼沒有帶來快樂，反而帶來更多如疑心、傲慢、嫉妒等等的煩惱？「疑心」不懂得相信、「傲慢」容易沮喪、「嫉妒」造成悶悶不樂……如果「只為自己」能帶來真正的快樂，說不定還情有可原，但事實並非如此。到底是什麼理由讓我們一味只在乎自己，卻忽略他人？

醒悟吧！不要再被這種無恥的私心給騙走。過去的經驗已足以證明「愛己」並非正確的尋樂之道。

《上師薈供》云：「痼疾愛我執。」痼疾與其他疾病不同的地方在於不明顯、不容易被發現，而且痼疾導致飲食不良、睡眠不足、無精打采等副作用，使身體每況愈下，比起其他疾病都要來得嚴重。同樣的，「愛我執」不只是一切痛苦的根源，也是一切邪見的根本。

外在的魔鬼、妖靈看似傷害著我們，但卻無法全面地摧毀我們，因為妖魔無法使我們墮落地獄，但愛我執可以。我們能藉由外在修法的力量驅除妖魔，但愛我執卻無法藉由外力而被消滅。妖魔可以被慈悲心所感動，但對愛我執縱容的下場，就是私心越重，惡業也跟著越重。妖魔只能害我們一生，但愛我執卻害著我們生生世世，直到生起圓滿愛他心為止！

唉！愛我執和真實執著（無明）這兩大仇敵，正在勾肩搭背地傷害著我們。「真實執著」如同製造痛苦的國王，身旁站有煩惱的大臣將士們，如瞋心、貪婪、傲慢、嫉妒、計較、散亂、昏沉、懈怠等等。愛我執卻是笑裡藏刀，狡猾地慫恿著我們要懂得保護自己，縱使需要犧牲他人、造作惡業，也在所不惜。

我們要像一位勇赴戰場的戰士，透過法器，把所有的煩惱王臣給摧毀。就如「擒賊先擒王」一般，我們應把煩惱陣營中的這兩大仇敵，作為消滅的主要目標，為此努力修行。當然，面對這種無始劫來的龐大陣容，我們一定會有失望、退失信心的時候。因為修行絕對不是一件簡單的事。

寂天菩薩在《入行論》云：「赴戰遭敵傷。」赴戰抗敵哪有不受傷的，更何況當我們要面對的是這無始以來的煩惱敵軍。殺戮外敵不可能獲得永遠的勝利，外敵是殺不完的，唯有殺戮內心的敵人才有真正獲勝的可能——解脫涅槃。

噶當派的奔恭格西及簇傑瓦云：「我只懂得煩惱將要來臨的時候，拿把短矛，守護著心門。煩惱強，我強；煩惱弱，我弱。其餘的高深大法，不懂！」確實，這才是修行的根本啊！我們要好好以雙手揮動空正見及菩提心兩大兵器，守護著心門，對付煩惱的兩大仇敵。

雖然空正見及菩提心沒有煩惱般的無始串習、龐大軍隊，可是卻有真理與正量作為依靠，以及所有佛菩薩的支持與關懷，絕非孤軍奮鬥。恰好煩惱缺的就是真理與正量。邪不勝正，我們不是沒有希望！

時時秉持修行的精髓——空正見與菩提心，相信自己絕對能夠獲得最後的勝利！而且佛陀自己也曾說過，菩提心是唯一圓滿利己及利他的殊勝法門，如寂天菩薩的《入行論》：「佛於多劫深思惟，見此覺心最饒益。無量眾生依於此，順利能獲最勝樂。」其中的「此」字，正是指向菩提心。

還有一件令人振奮的好消息是：在最細微心識的狀態下，煩惱是不可能生起的，但這個時候卻可以透過修行的力量，把最細微的心識轉為空正見。所以對抗煩惱敵軍，我們有絕對的希望！

佛子行的第十條：發起菩提心。如《上師薈供》云：「愛母等心生歡樂，實乃一切功德處；縱諸有情成吾敵，如命護汝求加持。」遍諸利益、最勝甘露、最佳良藥、最勝師長，或是離苦的無上法門，莫過於愛他之心。因此，於行住坐臥等一切時中，都應朝向菩提心未生令生、生已增長的這個目標而努力，並永不放棄菩薩學處。一切罪障皆由此滅、一切功德皆從此生，這就是最好的集資淨障！

認知愛我執與愛他心的利害差別後，盡量將原有的愛己之心轉移至他人的身上；將原有忽略他人之藐視行為，轉移到自己的身上。這就是第十一條佛子行——自他相換。

四不欲法轉為道用

下示第一不欲法：「被取」轉為道用之教授。

本文云：「彼縱因貪親盜取，或令他奪一切財，猶將身財三時善，迴向於彼佛子行。」此中講述初學者行菩薩學處的過程中，會有退失道心危險的個案，以及如何預防。如有人盜取，或勸人騙取自己所擁有的財產，或是以強欺弱，用暴力奪取佔為己有，一般人遇到這種狀況，絕對會大發雷霆。

雖然這是一種嚴重違法的行為，有足夠的理由讓我們去控告此人犯罪，但作為菩提心行者，這種以牙還牙、以仇報仇的心態，萬萬不可！反之，還要打從心底將自己的所有身與財、善與德迴向給此人。

佛子行的第十二條：將自己的所有身與財、善與德迴向給他人。

有一天，鄔瞿佛子無著賢在薩迦，得到施主的豐富供養。盜匪得知以後，趁大師回家的途中，將所有的供養搶走，並趕緊逃離。此時，大師以平常心說道：「且慢！」接著走近盜匪身旁說道：「我還未將此等物品迴向，請於此稍候片刻，待我迴向，不然會犯盜業。」迴向後，大師又說：「你們不要往這個方向走，可能會遇到此供養的施主們。應該往另一個方向離去才是。」

在這樁事件中，大師做了個圓滿的了結。不只盜匪不會因此犯下罪業，也能藉此因緣，深深感動其內心深處的人性善良，不再犯盜。同時，尊者也將所遇的違緣轉為道用，不只沒有犯下瞋恚、再造惡業，反而更加堅定菩提心的修行，圓滿善業。

第二不欲法：「痛苦」轉為道用之教授。

本文云：「吾身雖無少過咎，他人竟來斷吾頭，於彼還生難忍悲，代受罪是佛子行。」自己雖然沒有絲毫的錯失，但卻由於他人的妒忌或無知被判死刑，飽受冤屈。可是作為菩提心的行者，不但不應鳴冤叫屈，反而要更加悲憫對方。

其實對方也是聽從自心煩惱的使喚，而犯下這種無知的錯誤。若真要怪，只能怪對方被煩惱控制，無能自主！再藉由取捨中的「取」修持，觀想把對方這次犯下的惡業，透過悲心的「取」，由自己來承擔這次的惡業。這種的善行就是第十三條佛子行。

第三不欲法：「醜聞」轉為道用之教授。

本文云：「縱人百般中傷我，醜聞謠傳遍三千，吾猶深懷悲憫心，讚他德是佛子行。」當有人刻意或是無意地到處造謠、隨意毀謗，造成名譽的嚴重損失，慘不忍睹時，作為菩提心行者的我，不應對此瞋恨，反而應以平常心，隨喜他人的優點、讚嘆對方的功德。這是第十四條佛子的善行。

第四不欲法：「惡言」轉為道用之教授。

本文云：「縱於眾人集會中，攻吾隱私出惡言，於彼還生益友想，倍恭敬是佛子行。」有人刻意在多人的聚會當中，透過各種的方式，說己短處，又暢談我方隱私，令我丟人現眼。作為菩提心行者的我，應該藉此修忍，看待對方如善知識，好好珍惜。

自我的提升，靠的是看到自己的問題，然後加以改進。雖然對方的動機不妥，但的確說到自己的問題所在，讓自己看見缺點，這就如同佛法的明鏡，讓我們看到三毒的過患一般。同樣的，對方的惡口批評，讓我們發覺到自己需要改進的地方。從這個角度去想，對方就像是我們的師長，更是我們上進的助緣。

先賢諸師曾道：「讚我不喜損我喜，損故荒野吾過棄。」比起別人的稱讚，的確指責我們缺點的實話，反而比較實用，而且更能預防下次的犯錯。因為當我們快要犯下相同的錯誤時，就會擔心別人的說三道四、批評指責，從而懂得收斂，不是嗎？

有道是：「歡樂不喜苦則喜，樂故昔善荒廢易，苦故善法自念起。」修行的確要有這種的精神啊！以上內容屬第十五條佛子善行。

將「恩將仇報」及「欺凌」等違緣轉為道用

下示「恩將仇報」轉為道用。

本文云：「我以如子愛護人，彼若視我如寇仇，猶如母對重病兒，倍悲憫是佛子行。」謂作為兒女應當報恩，但對恩將仇報的孩子，哪怕將父母視為仇敵般地傷害父母，也應如同愛護子女的父母般不棄忍辱。

《四百論》中有云：「如鬼執雖瞋，醫者不生惱；能仁觀煩惱，非惑繫眾生。」第七世達賴喇嘛格桑嘉措在世的時候，他的一位大臣米汪，透過了各種的軟硬方式陷害格桑嘉措。但格桑嘉措不但沒有報復，反而還以慈悲愛護對方，是故章嘉活佛的《驚讚書》道：「猶魔入子雖恨母，然懷悲母倍護之。」

就像自己的孩子被魔入身，無理地百般害己，可是作為母親的人，不但不會怨恨，反而會更加悲憫，助小孩從魔掌中脫離。同樣的，一切有情如同被煩惱魔入身的小孩，百般害我，可是如同母親一般的自己，不但不會怨恨每一位眾生，反而會更加悲憫，助眾生從煩惱魔掌中脫離。這樣的修行極為難修，故此殷重道述。以上內容屬於第十六條佛子行。

下示「欺凌」轉為道用。

本文云：「同等或諸寒微士，雖懷傲慢屢欺凌，吾亦敬彼如上師，恆頂戴是佛子行。」謂與自己同等，或比自己卑劣的自高狂妄者，因心高傲慢、將我壓制，使用各種方法，百般欺凌。但我們應恭敬地視此人為師，恆常頂戴。這真是一個幫助內心的好口訣啊！

當我遇到一些人，足以讓我連續生氣個兩、三天的時候，我就會把此人觀想在自己的前方，反覆念誦格西朗日塘巴的《修心偈頌》：「隨處與誰為伴時，視己較諸眾卑劣，從心深處思利他，恆常尊他為最上。」並且觀想此人的足跟，放置自己的頭頂，再用各種角度，緣念對方比我強項的優點，以及我比對方微弱的缺點等。這樣的思惟，的確實對內心產生很大的幫助。

一開始想起此人就生氣得很，怒火攻心。但慢慢地，瞋心的力量逐漸消弱。最後會因由之前的不理智而感到丟臉。既然「報復」求的是心中的憤怒能獲得出氣，滿足內心，那還不如恭敬自己的仇人，「理智地」讓自心得到真正的滿足，何樂而不為？更何況報復也不一定能讓內心滿足，不是嗎？

為使自己獲得真正滿足，觀想對方亦是煩惱之奴隸，應以悲憫相待才是。再說，所謂「前因後果」，既然今天會有這種苦果，必定來自個人之前的惡因，又能怪誰？多多祈求三寶加持，誠心對待此人，為他祈福。想必這時您的瞋心早已轉為慈悲，這時的您哪有不快樂、不滿足的道理？如果見到討厭的對象，都能使內心滿足，這是種無法言喻的幸福啊！以上的內容屬第十七條佛子行。

將「衰盛」等違緣轉為道用

寂天菩薩在《入行論》中曾殷重說過。所有過度的窮衰及旺盛，都屬修行的極大障礙。

下示「衰」的違緣轉為道用。

本文云：「雖乏資財為人賤，復遭重病及魔侵，眾生罪苦仍取受，無怯弱是佛子行。」就以我們現有的狀況為例吧！我們失去了家鄉，寄人籬下，被取笑為「流亡者」。加上我們經濟狀況的不良，以及近年來流行的肺結核等疾病違緣，在這種無人贊助、叫天天不應，叫地地不靈的困境時，很容易讓人喪失心志、退失菩薩道的善行。

但是，此時的我們更應思惟菩提心的利益，提起心力。透過取捨，觀想一切眾生的相同困境由我一人承受，讓我的「衰」成為值得驕傲的事情！以上內容屬於第十八條佛子的善行。

下示「盛」的違緣轉為道用。

本文云：「雖富盛名眾人敬，財富量齊多聞天，猶觀榮華無實義，離驕慢是佛子行。」例如有位大財主，富如財神，身旁圍繞著數百位僕人服務。他的心中常想著：「我的生存牽繫著上千、上萬名員工，我是他們心中的神！所有人都對我百般恭敬。哈哈！」

或是一位具有膽識的英雄，常想著：「我為我們的國家付出這麼多，也對各宗教做出了不少貢獻，沒有功勞也有苦勞，一點點的惡業，根本不算什麼！」

或是有位大格西，做事效率極佳、知識豐富、德高望重，且頗有地位，也上過頭條新聞，被許多人頂戴頭上、虔誠禮拜。他的心中常想著：「我是如此精通教理，美譽十方，有如當初的南瞻六莊嚴大師之風範。若文殊在世，以難題問之，我皆能答覆。」

作為菩提心的行者，這種的想法是萬萬不能擁有，須特別小心！宗大師的自傳裡，曾有這樣一句話：「當別人供我上好坐墊、豐衣糧食之時，心中油然發起苦想；對治貪欲，乃經歷長久修練之果，絕非簡易之事！」寂天菩薩的

《入行論》中亦有相同內容，不要因為讚歎而高興，因為有人毀謗你；不必因為毀謗而失望，因為有人讚歎你！

龍樹菩薩的《寶鬘論》也有同樣教授：「國王您平時的行為頗善，善心可佳，可是因由稍許的不謹慎，犯下罪過，流失功德田。過多的讚歎，容易產生過度的傲慢，唯有透過認知煩惱的過患，才能消滅自大的慢心。」種敦巴大師曾道：「縱一切人讚揚我，我願居下較為樂。」這是非常重要的教誡！

當別人對我恭敬膜拜，雖然掛著「達賴喇嘛」的頭銜，但我仍需堅持原則、保持謙虛的態度，這樣我才能安樂。身為出家人，所做的事情就要相應於法，其法必要相應於正法。所謂「外似法者能非法」，我們一定要時常秉持著正念與正知，隨時觀察自心。

保持謙虛，只會帶來內心的安寧、成為善行的模範，不會吃虧！有些人可能認為在西方的社會裡，太過謙虛會容易讓他人騎在自己的頭上。可是真正的謙虛是「內心不起傲慢」，並非外表的屈就。相反的，就因內心沒有傲慢，才會懂得向上，這樣的人怎麼會吃虧呢？

尤其對於越來越多掛著格西頭銜的佛學博士，你們要特別小心！不要拿著自己的頭銜去差役他人、使喚他人，這是一件非常齷齪無恥的惡行！所以無論自己的學問多好，功德多高，在自信的同時，絕又不允許有絲毫的傲慢，這就是第十九條佛子善行的內容。

將「瞋」、「貪」的違緣轉為道用

下示「瞋」的違緣轉為道用。

本文云：「倘若未伏內瞋敵，外敵雖伏旋增盛，故應速興慈悲軍，降伏自心佛子行。」自心仇敵尚未調伏，若僅調伏外在仇敵，只會增加更多的敵人。提婆菩薩的《四百論》及寂天菩薩的《入行論》中，都用了個很好的比喻。《入行論》云：「何需足量革，盡覆此大地？片革墊靴底，即同覆大地。」又道：「頑者如虛空，豈能盡制彼？若息此瞋心，則同滅眾敵。」

外在的仇敵無法消滅，也不可能全部被消滅。消滅外敵，令這一代沒事，不代表下一代沒事；令幾個月內沒事，不代表之後沒事。唯有自心的瞋敵消滅，才算真正地消滅了所有的仇敵，心中才能無有怨恨。大大小小糾紛的問題，哪一項不跟瞋心有關？大至國家之間的戰爭，中至社會之內的暴動，小至家庭不合的問題等，只要人類的瞋心未滅，問題就會隨著存在，外敵就會自然形成。

問題需要透過心平氣和、共同協商來解決，並非瞋怒、魯莽能成事。想想看，如果解決問題的方法，是透過雙方的怒火誰大、爭辯的吼聲誰大來解決，其結論就是越來越氣，最後發生命案，導致後悔終生。

瞋怒，才是製造糾紛的根本，是所有問題的起源。我們一定得透過慈心的兵器，消滅此心。至尊宗大師在《佛讚三時頌》云：「莫持利器唯已力，千萬魔軍盡消滅。僅有尊者能如是，然此神力有誰知？」

法稱論師的《釋量論》云：「由我執他方，分二則貪瞋；如是因緣力，諸惡從此生。」真實執著（無明）把自方及對方的界線，分割得相當清楚，從此產生了緣己的貪，進而產生了緣他的瞋，而形成種種害己害他的痛苦。

首先，讓自己知道瞋怒的過失，不要一味地把瞋心說成見義勇為、勇氣可佳的應有行為。因為見義勇為的智慧，根本不需要瞋怒的條件。從理智決定任何情況都不該生氣，之後盡量讓自己不要隨著瞋怒的情緒而牽走。倘若快要瞋怒，而理智也控制不了情緒時，就要馬上迴避瞋怒的現場，盡量讓瞋心冷卻，事後再為此刻意觀修慈悲，將原有的瞋心轉為慈悲。

以上的內容屬第二十條佛子菩薩的行為。

下示「貪」的違緣轉為道用。

本文云：「五欲本質如鹽滷，任幾受用渴轉增，於諸能生貪著物，頓時捨是佛子行。」貪著五欲：色、聲、香、味、觸，如同渴時飲用鹽水般，越喝越渴！貪欲是無法滿足的欲望，反而只會增加欲望，如：有一要十、有十要百等等。

抓癢雖然舒服，可是抓多了，皮膚就會受損，還不如一開始不抓癢得好。龍樹菩薩在《寶鬘論》中說道：「如搔癢謂樂，不癢最安樂；如貪世間樂，無欲人最樂。」認知貪欲的過患，對治貪欲，就是第二十一條佛子菩薩的善行。

如虛空般，以根本定觀修勝義菩提心

下示以根本定觀修勝義菩提心。

本文云：「諸所顯現唯自心，心體本離戲論邊，知已當於二取相，不著意是佛子行。」這句話可分三種的角度作解釋。唯識宗：「三界皆由心，屬心性。」瑜伽師自續派：「諸法皆無真實性。」月稱等應成派論師：「所見一切萬法，皆不從境上而有，唯名言識安立所成。」在此主要以第三者的解釋為主。

如果諸法像我們看到般的存在，就應該從它本身的境上存在、呈現。若真如此，從此境上去尋找此法存在的內涵，如「於何處存在」、「如何存在」等等，應該會越找越清楚才對。然而事實並非如此，從境上尋找「存在」的時候[59]，則是越找越不清楚、越找越模糊！

[59] 譯者註：「尋找」，謂當我們尋找桌子在哪裡的時候，請問桌子是桌面、桌角，還是桌底？這樣去尋找任何一物都是無法找到、沒有答案的。

如果所說的內涵是真的，就不怕去追根究柢，反而越查越清楚。相反的，越是追查下去，與所說的內涵越是不符、越來越模糊，就代表此人所說虛構，並非真實。既然如此，每一法若從境上尋找不到，這代表每一法都不存在，抑或雖然存在，但不從境上存在。

諸法是絕對存在的！因為這些法都帶有善與惡、利與害等作用，這也是千真萬確的事實。所以「從境上找不到」並非意味著「不存在」，而是「從境上的不存在」！既然諸法都已存在，但又不從它本身的境上存在，那又是如何存在？剩下的唯一理由就是：唯名或識安立存在。

但無論我們看任何事物，都會自然感覺此物從它本身而現、從它本身而有！其實這是一種與實際完全不符的錯覺。諸法如夢！夢並非不存在，而是虛假的存在。夢裡的大象並非親眼看到般地真實，也不從大象的境上存在，因為「夢境」只是一種被夢識看到的夢相而已。

為請求第七世達賴喇嘛傳授破除無明之口訣，康地恭則拉瓦成就寺的上師——扎西德樂，呈上一封問箋後，法王回覆：「如沉睡識中有夢，又如幻術變象馬，諸法皆不從境存，僅唯由識施設之！」回箋又道：「此故自我及他人，輪迴涅槃等諸法，僅由名識所安立，絕非從境而有之！」謂以夢或幻像作為比喻。夢或幻像所呈現的影像與事實並不吻合，就像我們人雖在印度，卻夢到西藏，但夢中的西藏卻非實物般。

萬物雖然存在，但絕非我們看到般的存在！換句話說，我們所看到的一切萬物，絕非看到般的真實！我們可以從自己平時的經驗去仔細觀察。當我們看到任何一物的時候，都會看成「此物從它本身而有」，但事實並非如此。回箋又道：「然而久習無明力，覆染凡夫六根識，所見皆從境上有，察故即知此惡念。」

無始以來，隨著無明串習的力量，使我們看到任何東西的時候，都會看成從境上有、自性有、從他自己而有，或是從自方而有等獨立、真實之現象，但事實並非如此。

此故，回箋道：「如是謬識所見相，我等自性從境起，乃極細微所遮義，無餘滅除盼珍惜。」既然諸法存在，又並非從自方而有，那存在的方式只剩

「唯識施設而有」。可是「識」或「心」有自性，是從自方而有的嗎？錯！若心從自方而有，尋找則應獲得，但實際上卻不能獲得。

「心」在哪裡？若心屬過去心，則現在無心。若心屬未來心，則現在也無心。若心屬現在心，則過去及未來皆不得有心。若心謂「三世共有之心」，然現在有心，卻因無過去、未來故，現在仍無「三世共有之心」。又如今天的心屬上午心，還是下午心，還是傍晚心？還是遍布整天之心？如此尋找皆不可得！前三者易破，在此不需多述；若隨後者之見——心屬「遍布整天之心」，也仍錯誤；因為打從今天的清晨一開始，今天的心已經形成了，但「遍布整天之心」尚未形成。所以「心」在哪裡？

為得勝樂金剛的傳承加持，在施主赤汞巴的款待下，在場的大住持金剛手，以及至尊柱固師等，都已個別唱了首歌偈。於是，泊拉瓦立即向七世達賴喇嘛求贈歌偈。法王唱道：「八瓣蓮心嘟碲中，無根心顯金剛舞；禮敬一切諸佛攝，上師父尊洛桑扎。輪迴涅槃等諸法，僅由己內心所立，觀心亦離生與滅，究竟法性甚希奇！」

一切萬法皆由心施設而有，然心無自性故，眾生亦無有自性！此歌偈又道：「有如秋空起浮雲，無二見中自心界，繆相戲論皆滅已，我乃虛空瑜伽師。未曾有性大愚妄！我今見法如幻示，見空無二之大樂，得無謬論緣起見。」

春暖花開的綠林，真是青翠茂密、芳草萋萋，但轉眼間，綠林卻又隨著蘆荻的吐白，秋山紅葉、老圃黃花。難道我們看到的山明水秀，是真真實實的從境上而有、獨立存在？

若從綠林有「自性」，則既已綠草如茵，於秋冬之際，怎會枯枝敗葉？若從此人有「自性」，則既已少年才俊、血氣方剛，於年老之際，怎又面黃肌瘦、弱不禁風？若從心有「自性」，則既已煩惱隨轉，於究竟果位，怎能脫離二障？

這一切的一切，豈不代表諸法並非我們看到般的真實，皆屬虛幻？就因為每一法的究竟性「無有真實」，所以諸法不能以自力而存在，而須依靠他力。也正是因為諸法皆無自性，所以諸法的存在，更加地依賴著緣起！

因果論就是在這種「無能自力，須賴他力」的原則下，誕生而有！如同海市蜃樓的千變萬化，也就是在互相依賴的力量下，形成了改變。無有自性，才能緣起；更因緣起，故無自性啊！

故宗大師在《三主要道》中說道：「現見緣起全不誣，即滅實執取境相，若時同起非更迭，乃圓成正見觀察。」這確實是一個極難達到的境界啊！可從無自性的角度，尋找法義、思惟自性過患；再從意識安立緣起觀待的角度，去思惟諸法作用。如此的雙向進行，恆常串習，若初見緣起性空兩者的概念，如水融於水般，不可分離之時，就能圓滿正見。

這種成就絕非僅靠一、兩個月的時間就能獲證，須恆常地學習、思惟以及反覆地觀察。無著賢大師於本文的前兩句說道，所見諸法，皆屬心識安立之假相，本來已離自性之戲論。我們必須透過空性的長久薰習：將原本看到每一物後的真實感覺，轉為虛幻、視為錯覺。

若無禪定為伴，這種空性的觀修很難持久，但仍可以在短時間內，清楚看到空性，並遠離雜染。此故，本文的後兩句：在了知空性的當下，不應緣取其他境識二相，應僅緣空性，故道「不著意」三字。

經說：「無見即勝見。」在證悟空性當下，遠離一切戲論、不見緣起等諸法，正是看到究竟法性的最殊勝之見啊！以上的內容屬於第二十二條佛子善行——如虛空般，以根本定觀修勝義菩提心。

於後得道，對治緣取貪境、瞋境之實執

下示於後得道，對治可愛境之實執。

本文云：「設若會遇悅意境，應觀猶如夏時虹，雖見美麗然無實，離貪著是佛子行。」圓滿了空性正見，決定諸法並非看到般的真實，但卻不會由此的「無真實」，而否定了諸法的存在。換句話說，縱使根本定時證悟空性，但於出定的後得道時，雖然仍會看到好壞善惡等，卻是不會把「好」的認定為「真實的好」。

生起貪心的流程：由無明力，把好的優點視為「真實」，且認定為「真實的好」。一旦好的基礎穩定後，「非理作意」自然添增好的成分，轉為「一定要得到的好」，而生起貪婪。同樣地，瞋心也是如此。

因此，僅把善視為善、惡視為惡，並無過失。怕的是善視為真實之善、惡視為真實之惡，則會添增善惡因素，遠離真正善惡的定義，成為了過分的善、過分的惡，這樣才會產生貪瞋等等的煩惱！

這也是為什麼在強烈的情緒下，無法判別是非善惡！因為當時早已失去理智，善惡的因素早已被添增，成為過分的善惡。此時又怎能真正的把善視為善、惡視為惡呢？

修行者於後得道時，雖然會遇到可愛的悅意境，但因無真實執著，只會把可愛視為可愛，不會添增可愛因素，生起貪欲。月稱菩薩曾在《四百論》的註釋裡，嚴肅地說道：「一切的貪瞋等煩惱，一定由真實的概念而生，或與真實概念相應而有！」《四百論》：「如身中身根，癡遍一切住，故一切煩惱，由癡斷隨斷。」針對月稱論師所提出的「應成不共煩惱」之學說，還真需要仔細學習。

透過不淨觀等方法對治貪欲，只有壓制作用，不能除其根本。然而，在此則是針對貪欲的所緣之境，破除其境的真實自性，所作出的對治，其力量則相當強大。倘若經由這兩種方法雙運對治，效果一定更加！以上內容皆屬第二十三條佛子的善行。

下示於後得道，對治不可愛境之實執。

本文云：「諸苦猶如夢子死，妄執實有起憂惱，故於違緣會遇時，觀為虛幻佛子行。」第二十四條佛子行：困難之際，應即憶念無自性，且由幻化之概念，來看待這些種種違緣。就如同夢中的孩子死去般，毋需執著違緣，受到逆境的影響！

學六度

下示布施。

本文云：「求覺尚須捨自身，何況一切身外物，故於身財盡捨卻，不望報是佛子行。」菩薩在行布施的時候，若有絲毫望求果報之心，則屬自利作意，有染菩薩之戒學，絕不應有！

為能利益一切眾生，希求成就佛果的菩薩，就連自己的身體都可為眾生布施，何況身外之物呢？如此的遠離慳貪，又能盡捨身財、不望果報的善行，正是第二十五條佛子善行——布施。

下示持戒。

本文云：「無戒自利尚不成，欲成他利豈可能？故於三有不希求，勤護戒是佛子行。」月稱菩薩在《入中論》云：「增上生及決定勝，其因除戒定無餘。」若無戒體，後世人天的增上生則不可能得，更不要說「為利有情」了。菩薩為求利他之心過於強烈，所以比起聲聞、獨覺等聖者，菩薩們會更加精進地斷除煩惱。但菩薩們絕對不會為了自己，以自利作意而是追求增上生、精進持戒，防護煩惱的。

第二十六條佛子善行——持戒。為能圓滿利他，我需成就佛果；然若不能生生世世獲得增上生，修行之道可能遭遇障礙，利他進度因此而緩。為此，我需獲此增上生，首先要精進持戒！這種的戒心才是真正遠離貪戀、無欲的大戒心。

下示忍辱。

本文云：「欲享福善諸佛子，應觀怨家如寶藏，於諸眾生捨怨心，修安忍是佛子行。」第二十七條佛子善行——忍辱，如之前已談的內容，菩薩們最難的修行莫過修忍！菩薩們為能修忍，懂得珍惜令人討厭的三種對象：比自己高尚、與自己相同、比自己微劣，因為這些等同三種不同的寶藏，賜予無比的功德福報，相當難求。

尤其「忍人不能忍」才是真正的忍辱。所以菩薩們會更加珍惜第三者的機緣。因為比自己差勁的人，居然對自己說三道四，確實是件常人比較不能忍受的情況。慈尊菩薩在《莊嚴經論》云：「須忍一切眾。」

下示精進。

本文云：「唯求自利二乘人，猶見勤如救頭燃，為利眾生啟福源，發精進是佛子行。」第二十八條佛子善行——精進：聲聞、獨覺等二乘者，為求自利，猶見頭上著火，急著滅火般，精進修道。同樣的，菩薩為求他利，使他人早日解脫，精進追求一切究竟功德。

下示靜慮。

本文云：「甚深禪定生慧觀，能盡除滅諸煩惱，知已應離四無色，修靜慮是佛子行。」第二十九條佛子善行——靜慮。為能徹底斷除煩惱根本，空正見需由「止定奢摩他」的力量，方能轉為「勝觀毗婆舍那」，使煩惱連根拔除。寂天菩薩在《入行論》云：「有止諸勝觀，能滅諸煩惱。」在此的禪修並非色與無色的粗靜為相，而是所緣空性，對治無明根本所修的禪定。

下示智慧。

本文云：「無慧善導前五度，正等覺佛不能成，故具方便離三輪，修智慧是佛子行。」第三十條佛子善行——智慧。如同矯健手足的失明者，沒有了智慧，縱有其他五德，不能走上成佛大道，無法具足成就佛果的因緣。

既如此，將布施等五種功德，轉為佛因的智慧又是什麼呢？那就是在「菩提心」的方便攝持下，證悟做者、做事、做處等三輪，無有真實、無有自性的「證空智慧」。藉由如此二大資糧——方便與智慧的翅膀，互相扶助的情況下，才能堅穩地飛至圓滿正覺的彼岸。

學四法

下示初法：知己過。

本文云：「若不細察己過失，道貌岸然行非法，故當相續恆觀察，斷己過是佛子行。」第三十一條佛子善行——知己過，依正念知。這句話正也包涵了《入行論》的正知品及不放逸品中的所有教誡。平常自己要多謹慎自己的言行舉止，否則正如本文所說的：「道貌岸然行非法。」戴著修行者的面具，卻做出不知廉恥的事情！

下示二法：不道過。

本文云：「因惑說他佛子過，徒然減損自功德，故契大乘諸行者，不道人過佛子行。」《別解脫經》云：「當複細伺察，已心及惡行。莫述或伺察，他等諸惡行。」如經所云，說三道四的對象絕非他人，這等於是一種間接傷害對方的無恥惡行！

尤其大乘修行者，秉性乃光明正大，應知觀功念恩之重要，怎能偷偷摸摸地在他人背後指指點點、謠言毀謗？根敦主巴大師在《東雪山讚偈》道：「感恩所有如母眾，觀功念恩尤為重。縱居敵中煩惱伏……」

學佛人不只要懂得感恩一切有情、觀功念恩，避免暗地說人壞話的惡行，更需要互相尊重其他法門的修行者，避免謗法罪惡！如用譏笑的態度說：「原來你是格魯派！」或說：「原來你是寧嘛派！」這些都是間接謗法的說詞。

經說：「比丘與智者，當善觀我語，如煉鐵磨金，信受非為敬。」雖然智者們在互相的辯論中，常會你來我往脣槍舌戰，但我們要知道，這一切的目的，純粹只為後人能夠深入教義，並懂得運用更多角度去思惟、觀察，所提出的辯論而已。智者們互相爭辯，絕非出自內心的不尊重，或是因由煩惱，加以毀謗！如薩迦班智達在《薩迦善言》道：「智者智中美。」

然而令人悲痛的是：後者只知其一，卻不知其義！反而還隨著驕慢、頑固等井蛙之見，只許自己傳承正派，並一味地毀謗其他法門，造下極大的謗法惡業、害他害己，更傷害了整個教法！

唉！總而言之，「動機」純為他人，所作皆善；純為自己，所得終苦。難怪三界中，唯有菩提心才是真正的如意寶物。根敦主巴大師的《東雪山讚偈》云：「縱居敵中煩惱伏。」這句實屬三界中的稀有良言，令人受益匪淺、極為重要，我們應當多多思惟。

根敦主巴大師於年老之際，曾示傷感之意。弟子眾道：「師莫傷心！您圓寂後絕對可以往生兜率淨土、無有疑慮！」師道：「為師未曾想過往生淨土，只求續留娑婆，盡利有情。」希望藉由上述的比喻，我們能夠確定大乘真正的精神所在，努力精進地朝向如此殊勝的——成佛大乘。

以上的內容屬於第三十二條佛子善行——不道過。

下示三法：莫圖利。

本文云：「貪圖利敬互爭執，聞思修業將退失，故於親友施主家，離貪著是佛子行。」翻閱過去西藏的歷史，不難得知一些得道的證量大師，卻因牽扯政治人物等因素，在豐功偉業的成就上，留下了汙點。

「文殊笑喜遍智」[60]，一位不可思議的安多上師，被當地人們奉稱為宗大師的化身。當然，此話並非因我出生安多而說（哈哈），這位上師的確是位活生生的大威德金剛，相當有成就。

第五世達賴喇嘛所重視的第司[61]「佛海」[62]，與大臣天賢[63]的不合，造成了在鼻頂山[64]上，知府佛海被官臣天賢殺害的一段悲慘歷史。當時，文殊笑喜乃哲邦果芒寺住持，若大師能從多門寺速抵鼻頂山，則第司佛海應能不死。然而，只因天賢與大師之間，有著施主與常奉的關係。總之，當時大師未能及時趕到的這頁灰色歷史，已被後世子孫的記載所留下。

色拉寺下院的成就者「法尊業海」[65]，乃雪域淨土之國寶！然而大師與第司不合，後被陷害。因大師之心子「戒語自在」[66]，戒語自在與第司有著施主與常奉的關係，若戒語自在盡力說服第司，想必能夠停止這場悲劇。然而情況並非如此，法尊業海終究成為了國犯，遭棄屍山後。此事，後被仆久尊師[67]仁波切的得知，相當地不悅，並否定了戒語自在的成就。

我的上師日征[68]仁波切，及搭扎[69]仁波切，都是成就極高的上師，但是在外人的眼裡，看似兩位尊師互相鬥爭，導致於在不知內情的情況下，批評毀謗，造下墮落惡道的罪業。總而言之，名與利、財與權，都是令人畏懼的因緣。在它們的身旁，縱使百般防護，仍有觸犯的種種危機。尤其施主之間的衝突，往往容易波及僧人，障礙僧人的修行。

既已為僧，則不應緊貼施主！《入行論》云：「故應遠凡愚，會時喜相迎，亦莫太親密，善繫君子誼。」施主有難，幫忙是絕對需要，但仍須懂得保持距離的拿捏，不要成為阿諛奉承的無恥僧人、施主的走狗。

以上的內容屬於第三十三條佛子善行——莫圖利。

下示四法：斷惡言。

❻⓪ 藏文為ཀུན་མཁྱེན་བླ་མ་འཇམ་དབྱངས་བཞད་པ།。
❻① 「第司」謂攝政王，或暫任地方行政最高長官者。
❻② 藏文為སངས་རྒྱས་རྒྱ་མཚོ།。
❻③ 藏文為ཞུ་བསྐང་།。
❻④ 藏文為སྣོད་ཡོད་སྨ་ཤེལ།。
❻⑤ 藏文為རྒྱལ་དབང་འཕྲིན་ལས་རྣམ་རྒྱལ།。
❻⑥ 藏文為དག་དཔང་ཚུལ་ཁྲིམས།。
❻⑦ 藏文為ཡོན་ཧྲུག་ཡོངས་འཛིན།。
❻⑧ 藏文為མ་སྐྱོད།。
❻⑨ 藏文為སྙིག་ལྟ།。

本文云：「粗言惡語惱人心，復傷佛子諸行儀，故於他人所不欲，絕惡言是佛子行。」無形言語的利器，往往是人們受到最大傷害的罪魁禍首。出言時，務必小心自己的用詞，避免害他害己的惡言相向，慎出惡言。

以上的內容屬於第三十四條佛子善行——斷惡言。

為利他故，即壞煩惱、正念正知

下示即壞煩惱。

本文云：「煩惱串習則難治，勇士明持正念器，貪等煩惱初生時，即摧壞是佛子行。」《修心八頌》亦道：「一舉一動觀自心，正當煩惱初萌生，危害自與他人時，願疾呵斥令消除。」謂煩惱萌生之時，好比勇士的正念正知，就應持有兵器的對治力，當下消滅，不應姑息養奸！有如苗火易滅，大火則難；水緩易防，洪水則難。

下示正念正知。

本文云：「隨於何時行何事，應觀自心何相狀，恆繫正念與正知，修利他是佛子行。」第三十六條佛子善行——正念正知。由正念，憶念何者該做或不該做；由正知，觀察現在的作為實屬該做或不該做。簡單地說，一切害他動機所發生的行為，都不該做。

《入行論》的第五品亦云：「合掌誠勸請，欲護自心者，致力恆守護，正念與正知。」應常憶念：我今生在具有大小乘、顯密圓滿教法的淨土，自己也對大乘教法頗有信心，並拜見了眾多上師、聽聞了不少法義；當煩惱現起，仍明知故犯、知法犯法，豈不等同違背佛前承諾、欺騙菩薩？

有道是「自己欺騙不了自己」。若要問心無愧，正念與正知則是最好的見證。

總而言之，願已成為眾生奴隸，所做一切皆為眾生，所求一切也為眾生，這樣的正念與正知，才是真正的佛子善行！

結行

下示總迴向。

本文云：「勤修諸行所生善，為除眾生無邊苦，咸以三輪清淨慧，迴向菩提佛子行。」第三十七條佛子善行——迴向。這三十七條佛子善行，絕非為了自己的安康百壽，而是為了無邊有情拔除痛苦及苦因而做的迴向。迴向時，應由空正見，謹念迴向者、迴向事、迴向處等三者皆無自性，再行迴向。

下示撰書緣由。

本文云：「我依經續諸論典，及眾賢聖所說義，為欲修學佛道者，撰佛子行卅七頌。」上述內涵引用經論的原文，並且個別解釋佛子的一一善行，為的就是讓更多人知道佛子真正的精神，以及行為如何，並籲久習！

下示無謬修行。

本文云：「才淺學疏文不精，碩學閱之難生喜，然依經教聖者故，佛子行頌應無誤。」雖然自己的才學薄淺，用文醜劣，實難令諸智者們心生歡喜，然因引經據典、依經教言故，自信對於上述已說的內容，無有錯謬！

下示謙求原諒。

本文云：「然佛子行諸巨浪，愚鈍如我難盡測，故祈智者慈寬恕，違理無開諸過失。」此文中，若有內容詞不達意、無法連貫等，文詞表達不周之處，誠心望求諸佛菩薩的原諒！

下示撰德迴向。

本文云：「吾以此善願眾生，皆發真俗菩提心，不住有寂得自在，咸成怙主觀世音。」鄔瞿佛子無著賢大師，將著此《佛子行三十七頌》之功德，迴向一切有情能早發起殊勝菩提善心，未生令生、已生增長。依世俗菩提心，不墮寂樂；依勝義菩提心，不墮輪迴故，圓滿自他利益、獲大涅槃！

總義教誡

以上已經簡略地傳授了《佛子行三十七頌》的教授。想必初入佛法、對教理並非很熟的初學者們，正是這次主要的傳授對象。大家在這幾天內，已經對佛法有了大概的認知，我也不需再次重複。總之，重點還是這句老話——秉持善心！

至於《佛子行三十七頌》的精髓則是：「無始時來憫我者，母等若苦我何樂？」謂透過教理的認知、長久的修行，把原有愛己的私心，轉為愛他甚於愛己的慈悲，使自己的生命變得更有意義！

遠離「先入為主」的想法，才是真正的學習態度。我知道有些人心想「那是《佛子行三十七頌》的教授、格魯的傳承，或寧瑪的教授」等等，就不願接近、不願聽聞。這種想法真是無聊！「客觀的態度」（或稱「正直心」）乃為弟子的先決條件，如此才能理智觀察，得知此法是否正確，進而避免一味無知的毀謗、造下墮落惡趣的重業。

這幾天我嘮叨了許多，你們可能也不見得能全部都記住。但請隨時隨地記住這句口訣：「心相應於法，法相應正法！」若能將這兩句口訣實踐至人生的最後一天，這幾天的苦口婆心，以及大家千辛萬苦的籌備，也都不算枉費了。

平時若有愛賭博，或是愛喝酒、撒謊、自私自利、容易動粗，及自高狂妄等惡習，聽聞了寶貴佛法之後，看看能不能改變自己，變成一位少賭博、少喝酒、少撒謊、懂得愛他、懂得節制、懂得謙虛的佛教徒。哪怕原本的惡習只能改那麼一點點，這次的法會也算是值得了。

心直口直是我的個性，督勸你們是我的責任。你們哪裡需要注意、哪裡需要改進，我都會直接點出，為的還是希望你們能夠向善。

章嘉活佛的《知母歌集》中說：「非對汝輩不尊敬，設有冒犯祈鑒諒！」《四百論》亦道：「說正直具慧，希求為聞器。」聽聞者應以客觀正直的態度，辨別善言惡言，並且希求正法。你們舟車勞頓地來到此地聽法，聽法的態度是否客觀，你們自會知道。如果因為格魯上師說法而不歡喜，或是因為自屬格魯派弟子，不喜歡其他教派，這種行為都已遠離「客觀」。

如同之前傳授入行論時所說般，我要講的還是同一句話：有些人可能因由教派的不同，而頑固地認為：「傳授《廣論》，所以要來；傳授《佛子行三十七頌》，我心不安。」我早在之前都已解釋過這種偏黨的過失，這種區分「我們」、「你們」的毒藥，會令許多人墮入地獄。所以保持客觀正直的態度極為重要。

總之，修法終究是調伏內心。善行與惡行兩者之間，秉持善行；善心與惡念兩者之間，秉持善心。切記！切記！

國家圖書館出版品預行編目資料

達賴喇嘛尊者開示佛子行三十七頌 / 第十四世達賴喇嘛 (His Holiness the Dalai Lama) 著 ; 蔣揚仁欽譯 . -- 初版 . -- 臺北市 : 商周 , 城邦文化出版 : 家庭傳媒城邦分公司發行 , 民 105.05

面； 公分 (人與宗教 ; 46)

譯自 : Commentary on the Thirty Seven Bodhisattava Practices

ISBN 978-986-93021-3-5 (平裝)

1. 藏傳佛教 2. 注釋 3. 佛教修持

226.962 105004837

達賴喇嘛尊者開示佛子行三十七頌

原著書名／Commentary on the Thirty Seven Bodhisattava Practices
作　　者／第十四世達賴喇嘛（His Holiness the Dalai Lama）
譯　　者／蔣揚仁欽
企畫選書人／林宏濤、陳玳妮
責任編輯／陳名珉

版　　權／林心紅
行銷業務／李衍逸、黃崇華
總 編 輯／楊如玉
總 經 理／彭之琬
事業群總經理／黃淑貞
發 行 人／何飛鵬
法律顧問／元禾法律事務所 王子文律師
出　　版／商周出版
台北市 104 民生東路二段 141 號 9 樓
電話：(02) 25007008 傳真：(02)25007759
E-mail：bwp.service@cite.com.tw
Blog：http://bwp25007008.pixnet.net/blog
發　　行／英屬蓋曼群島商家庭傳媒股份有限公司城邦分公司
台北市中山區民生東路二段 141 號 2 樓
書虫客服服務專線：(02)25007718；(02)25007719
服務時間：週一至週五上午 09:30-12:00；下午 13:30-17:00
24 小時傳眞專線：(02)25001990；(02)25001991
劃撥帳號：19863813；戶名：書虫股份有限公司
讀者服務信箱：service@readingclub.com.tw
城邦讀書花園：www.cite.com.tw
香港發行所／城邦（香港）出版集團有限公司
香港灣仔駱克道 193 號東超商業中心 1 樓
E-mail：hkcite@biznetvigator.com
電話：(852) 25086231 傳真：(852) 25789337
馬新發行所／城邦（馬新）出版集團【Cite (M) Sdn. Bhd.】
41, Jalan Radin Anum, Bandar Baru Sri Petaling,
57000 Kuala Lumpur, Malaysia.
Tel: (603) 90578822 Fax: (603) 90576622
Email: cite@cite.com.my

封面設計／王小美
排　　版／極翔企業有限公司
印　　刷／韋懋實業有限公司
經 銷 商／聯合發行股份有限公司
電話：(02) 29178022 Fax: (02) 29110053
地址：新北市 231 新店區寶橋路 235 巷 6 弄 6 號 2 樓

■ 2016 年 5 月 5 日初版
■ 2023 年 4 月 21 日初版 3.7 刷
定價 280 元

Printed in Taiwan

城邦讀書花園
www.cite.com.tw

本書所有翻譯收入全數捐贈西藏圖書館

請於此處用膠水黏貼

商周出版

讀者回函卡

感謝您購買我們出版的書籍！請費心填寫此回函卡，我們將不定期寄上城邦集團最新的出版訊息。

不定期好禮相贈！
立即加入：商周出版 Facebook 粉絲團

姓名：________________ 性別：□男 □女

生日：西元________年________月________日

地址：________________

聯絡電話：________________ 傳真：________________

E-mail ：

學歷：□ 1. 小學 □ 2. 國中 □ 3. 高中 □ 4. 大學 □ 5. 研究所以上

職業：□ 1. 學生 □ 2. 軍公教 □ 3. 服務 □ 4. 金融 □ 5. 製造 □ 6. 資訊
□ 7. 傳播 □ 8. 自由業 □ 9. 農漁牧 □ 10. 家管 □ 11. 退休
□ 12. 其他________________

您從何種方式得知本書消息？

□ 1. 書店 □ 2. 網路 □ 3. 報紙 □ 4. 雜誌 □ 5. 廣播 □ 6. 電視
□ 7. 親友推薦 □ 8. 其他________________

您通常以何種方式購書？

□ 1. 書店 □ 2. 網路 □ 3. 傳真訂購 □ 4. 郵局劃撥 □ 5. 其他________

您喜歡閱讀那些類別的書籍？

□ 1. 財經商業 □ 2. 自然科學 □ 3. 歷史 □ 4. 法律 □ 5. 文學
□ 6. 休閒旅遊 □ 7. 小說 □ 8. 人物傳記 □ 9. 生活、勵志 □ 10. 其他

對我們的建議：________________
____
____

請於此處用膠水黏貼